天然气资源整合视角的
经济评价研究

罗　冰　李海涛　杨济源　敬兴胜　冉　崎等　著

科学出版社

北　京

内 容 简 介

科学地开展气田经济评价是天然气高效开发的重要推动力,本书概述了天然气行业发展现状、探讨了常规天然气及非常规天然气开发方案经济评价的特点,构建了天然气资源经济评价统一的基准框架。在该框架下,影响气田开发方案经济评价的技术与经济因素以经济评价参数的形式被统一纳入,以进行投资估算与融资方案分析、财务效益与费用估算、财务分析、不确定性与风险分析。本书做了两方面的创新性工作:一是在技术与经济的整合视角下,将企业的管理与决策问题贯穿其中,以实现理论与实践的有机结合。二是详细地呈现算法模型的矩阵运算思路,以高效地进行多维度、高精度分析。

本书可供油气行业相关领域研究人员和工程技术人员阅读参考。

图书在版编目(CIP)数据

天然气资源整合视角的经济评价研究 / 罗冰等著. -- 北京 : 科学出版社, 2025.6. --ISBN 978-7-03-080581-2

Ⅰ. F407.226.73

中国国家版本馆 CIP 数据核字第 2024SM0383 号

责任编辑:刘翠娜 吴春花 / 责任校对:王萌萌
责任印制:师艳茹 / 封面设计:无极书装

科 学 出 版 社 出版

北京东黄城根北街 16 号
邮政编码:100717
http://www.sciencep.com

北京中科印刷有限公司印刷
科学出版社发行 各地新华书店经销

*

2025 年 6 月第 一 版 开本:787×1092 1/16
2025 年 6 月第一次印刷 印张:11 1/4
字数:266 000
定价:200.00 元
(如有印装质量问题,我社负责调换)

本书研究和撰写人员

罗　冰　　李海涛　　杨济源　　敬兴胜　　冉　崎

余　果　　田　蒙　　陈艳茹　　战薇芸　　张小涛

徐海棠　　陈　骁　　朱　华　　郭卓函　　张　劲

程晓雯　　张　黎　　吴雪峰　　方一竹　　马宇含

张竞月　　张歆妍　　王　冠

前 言

天然气是最清洁的化石能源，与煤炭和石油等相比，天然气具有环保、高效、安全、经济和可持续等多方面的优越性，使其在全球的发电、供暖、工业生产等领域具有广泛应用前景。天然气在全球能源结构中占据重要的地位，并将在未来继续发挥重要作用。当前，天然气在世界一次能源消费中的占比约为 25%。预计到 2040 年，天然气需求将达到 4.7 万亿立方米，占一次能源比重达 52%。

科学地开展天然气资源（以气田为单位）经济评价是天然气高质量发展的重要推动力。在经济评价过程中，涉及的影响因素主要来源于技术、经济与管理三个方面。本书研究的天然气主要涉及常规天然气、煤层气、致密气、页岩气。这些天然气项目的投资特点、所涉及的关键因素存在明显差异，不同的天然气上游企业在进行经济评价时的标准、尺度也有所区别，所以难以在相同的刻度下进行投资效果分析。这容易在收益与成本估计、净现金流预测、内部收益率、财务净现值、敏感性分析等测算方面存在误差。进一步地，这使得上游企业在气田技术方案设计、投资方案的比选决策上可能存在偏差与风险。因此，构建统一的分析框架、高效的模型算法是科学地开展经济评价的难点。为了解决这些问题，本书利用一套规范、统一的分析框架与高效的模型算法，以期提高气田经济评价的科学性、规范性和高效性。本书旨在为天然气开发投资项目经济评价提供参考，为技术人员及相关从业者提供借鉴，也为读者从经济视角审视气田开发提供科普资料，由于笔者长期在四川盆地工作，因此主要算例取自四川盆地。

2023 年习近平总书记在四川考察时强调，四川是我国发展的战略腹地，在国家发展大局特别是实施西部大开发战略中具有独特而重要的地位。要科学规划建设新型能源体系，促进水风光氢天然气等多能互补发展。要强化战略性矿产资源等生产供应，打造保障国家重要初级产品供给战略基地。因此，在综合利用天然气资源方面，四川具有得天独厚的战略优势。

四川是最早发现和开发天然气的地区，是我国天然气历史的"源气"。早在 2000 年前的秦始皇时代，四川先民就已开始利用天然气。据晋朝常璩的《华阳国志·蜀志》记载，四川临邛（今四川省邛崃市）地区存在火井（天然气井），当地百姓利用天然气煮卤制盐，这是史书中对四川先人使用天然气的真实记录。到了现代，四川盆地已经成为我国天然气工业的重要基地之一。自 1958 年起，四川盆地逐步建立起我国第一个天然气工业基地和上中下游一体化的天然气工业体系。四川盆地的天然气产量持续增长，为我国的能源供应做出了重要贡献。

四川具有最完整的天然气产业链，是国家能源转型发展的"朝气"。中国石油天然气集团有限公司（简称中国石油）、中国石油化工集团有限公司（简称中国石化）多家单位在盆地开展勘探开发工作，推动四川的天然气产业链不断发展完善。四川的天然气产业链涵盖从开采、加工、输送到终端利用的各个环节。随着勘探技术的不断进步，天然气上游开采企业依托先进的技术和设备进行高效、安全的开采作业，为推进四川及全国的能源消费转型升级提供源源不断的清洁能源，为培育中下游能源新技术新业态发展提供稳定可靠的支撑，为国家低碳与能源转型实施战略提供强而有力的驱动。

本书共分为5章，第1～3章回顾国内外相关理论与研究现状，进行天然气行业发展的概述，深入探讨常规天然气及非常规天然气经济评价的特点。在此基础上，第4章构建天然气资源经济评价统一的基准框架。在该框架下，影响经济评价的技术与经济因素以经济评价参数的形式被统一纳入，以进行投资估算与融资方案分析、财务效益与费用估算、财务分析、不确定性与风险分析。第5章则利用规范算法呈现经济评价的实例研究结果。得益于本书所设计算法模型具有的良好扩展性与易操作性，使用的某方案考虑了多种产品，其目的在于将常规天然气、煤层气、致密气、页岩气等多类型气田纳入统一的经济评价框架中。

本书做了两方面的创新性工作。一是在技术与经济的整合视角下，将企业的管理与决策问题贯穿其中，以实现理论与实践的有机结合。在统一的框架下，仍旧保持了技术、经济、管理决策等方向拓展的接口。这些接口可以使得勘探技术方案实施、上产排产计划、产量与递减率估计、市场价格预测、成本控制、财税补贴影响、基准收益率变化、短期借款利率浮动等因素均可以通过不同机制纳入整合的分析视角中。二是详细地呈现算法模型的矩阵运算思路，以高效地进行多维度、高精度分析。本书亦呈现该算法模型如何进行规范的参数引入，对相关指标的公式、算法进行详细解释，并解释敏感性因子构建方法与敏感性分析的思路。最后，呈现算法模型所输出的项目投资现金流量表、项目资本金流量表、利润与利润分配表、敏感性分析表等数十张规范的报表，以及敏感性分析、盈亏平衡分析、完全成本分析等多种数据可视化结果。

本书对天然气经济评价工作和天然气行业具有理论贡献与实际意义。从理论贡献角度来看，本书的基准框架是统一、规范、科学且具有扩展性的。其核心意义可以归纳为：以高效的经济评价算法模型为"中心"支撑投资与管理决策，"上"可对接多种技术方案，并以参数的形式引入算法模型；"下"可高效地进行多种多轮投资方案的比选与论证，"前"可引入投资、产量、成本等各项预测模型，"后"可综合成熟的经济管理理论，开展社会经济、财税金融、国际能源等外部环境评估。从实际意义角度来看，本书的框架交叉于经济学、管理学、地球科学、计算机科学，兼容常规天然气、非常规天然气项目投资开发方案，可进行海量的方案测算，进行高效率、高精度的敏感性分析。为天然气上游企业在国内国际的项目投资、战略投资与风险控制提供高效的决策支撑与辅助。总体而言，本书的研究成果完善了天然气技术经济研究的理论基础，为天然气经济评价提供全新的、整合性的分析视角。

在未来研究与实际业务中，得益于本书的理论框架是规范、科学且具有扩展性的，可前瞻性地开展诸多研究，并为实际工作提供支撑。一是有针对性地分析内部收益率、投资回报率、财务净现值、完全成本等所存在的"潜在"影响机制，为技术、经济目标的决策提供深度建议。二是细致地分析分年的产量计划、成本控制、投资与融资等活动中所存在的"动态"影响因素，为技术、内部管理、投融资方案的再论证提供依据。三是定量地开展国际能源市场价格波动溢出、财税金融政策变化、产业链供应链整合重构等"未来"影响维度研究，为超长期气田投资方案的论证与战略风险管控提供支撑。四是充分地开展技术、经济与管理的整合研究，利用多重参数的组合与高效的矩阵算法，开展气田"多场景"经济评价与风险分析。本书的理论、方法与模型亦可用于油气项目全生命周期管理、海外油气投资项目、油气矿权及区块价值评估等前沿研究领域。

由于作者水平有限，书中难免存在疏漏之处，敬请读者、同行不吝赐教。

著　者

2024 年 6 月

目　录

第1章

国内外相关理论与研究现状

1.1　天然气项目经济评价发展背景

天然气作为一种清洁、高效、低碳的燃料，是支撑世界各国经济社会发展的重要能源。2000 年以来，我国的天然气生产和消费保持较快增长。2018 年，我国天然气产量与表观消费量分别为 1601.59 亿立方米、2803 亿立方米。2023 年，这两项指标分别上升至 2297.10 亿立方米、3945.3 亿立方米，2023 年以来规模以上工业天然气产量如图 1.1 所示。天然气在我国能源结构中发挥着越来越重要的作用，这也使得天然气的需求、供给、价格、成本、低碳、环保等影响因素，逐步被引入规范的能源经济与能源项目管理研究中。

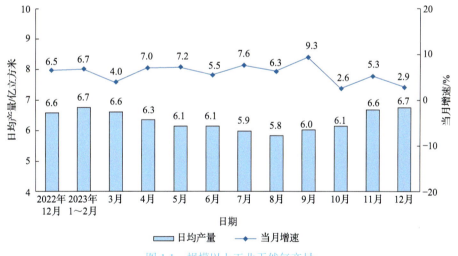

图 1.1　规模以上工业天然气产量

天然气开发是一个长周期、高投资、高风险的系统工程项目，涵盖地质、气藏、钻采、地面、安全、造价等工程。随着天然气在能源结构中的地位日益提高，如何在保障产量目标的基础上实现效益开发，是一个重要的命题。而天然气的开发依托于气田开发方案，其中，气田开发方案经济评价是一个重要环节，它对多种工程技术方案进行经济评价和优选，并在此基础上做出可行性研究报告，为投资者决策提供科学依据。

天然气气田开发方案经济评价经过多年的发展，已经形成比较规范的行业标准，如

《气田开发方案及调整方案经济评价技术要求》（SY/T 6177—2020），形成了较完善的评价理论和方法体系，但基于整合视角，将技术与经济相结合的研究尚显不足。提高天然气开发方案经济评价的科学性与有效性，能科学评估项目的经济效益和社会效益，为决策者提供科学依据，有助于优化资源配置、提高开发效率、降低开发成本，从而推动天然气产业的健康发展。开展天然气开发方案经济评价研究，有助于完善相关理论体系，为今后的研究和实践提供理论支撑和指导。同时，随着国内外能源市场的不断变化和天然气开发技术的不断进步，开展天然气开发方案经济评价研究，对于推动我国天然气产业的健康发展、优化能源结构、实现可持续发展具有重要意义。

1.2 天然气项目经济评价理论

1.2.1 项目经济评价概述

1. 项目经济评价的内容与方法

随着中国市场经济的不断深化和国际化的推进，项目经济评价在决策中的作用日益凸显（Yong et al.，2023）。国内研究主要聚焦于构建符合中国国情的项目经济评价体系，包括评价指标的选取、评价方法的创新以及实际应用中的案例分析（刘斌，2020；罗缘荒和程曦，2022；杨惠贤，2016；杨永国等，2022）。近年来，随着大数据和人工智能技术的发展，项目经济评价也开始融入更多的量化分析和智能化决策支持（Vinardell et al.，2024）。

国家政策对项目经济评价具有直接的指导和规范作用。30余年间，住房和城乡建设部、中国石油天然气股份有限公司规划总院等部门和单位相继发布一系列政策文件，明确了项目经济评价的基本原则、评价标准和实施要求（中国石油天然气股份有限公司规划计划部和中国石油天然气股份有限公司规划总院，2002；中华人民共和国住房和城乡建设部，2010）。这些政策文件不仅为项目经济评价提供了方向，也为评价实践提供了法律依据。

财务效益与费用估算是项目经济评价的核心内容之一。通过对项目的收入、成本、利润等财务指标进行预测和分析，可以评估项目的盈利能力、清偿能力以及抗风险能力（李志学，2010）。在实际应用中，财务效益与费用估算的准确性直接关系到项目经济评价的可靠性（张东旭，2020）。

资金来源与融资方案是项目经济评价的重要组成部分。项目的资金来源包括自有资金、银行贷款、股权融资等多种渠道（Li et al.，2019；Kaiser and Narra，2019）。不同的资金来源对项目的财务结构、融资成本以及风险分布都有重要影响。因此，在项目经济评价中，需要对资金来源与融资方案进行深入研究和分析。

财务分析方法在项目经济评价中扮演着重要角色。常用的财务分析方法包括静态投资回收期、动态投资回收期、内部收益率、净现值等（张武和宇德明，2002）。这些方法可以从不同角度对项目的财务状况进行全面评估。此外，随着财务理论的不断发展，一些新的财务分析方法如实物期权、风险评估等也逐渐被引入项目经济评价中。

经济费用效益分析是项目经济评价的关键环节。通过对项目投资所带来的直接和间接效益进行分析和量化，可以与项目投入的费用进行比较，从而得出项目的经济效益评价（罗东坤，2002；谢家平和孔令丞，2002）。这种方法可以帮助决策者更加清晰地了解项目的经济效益状况，为决策提供科学依据。

国外对项目经济评价的研究历史悠久，理论体系和方法论相对成熟。从早期的净现值法、内部收益率法到后来的实物期权理论、多目标决策分析等，国外研究不断创新和完善（Valle-Falcones et al.，2023）。这些理论和方法的演进为我国的项目经济评价研究提供了宝贵借鉴和参考。

费用效益法是一种常用的项目经济评价方法。通过比较项目的总费用和总效益，可以评估项目的经济效益和社会效益。这种方法在实际项目评价中被广泛应用，特别是在公共基础设施项目、环境保护项目等领域具有重要价值（Campbell and Dean，2013；Korytárová and Hromádka，2014）。然而，在实际应用中，如何准确量化和比较项目的费用和效益仍是需要进一步探讨和研究的问题。

项目经济评价作为项目决策的重要依据，对于确保项目可行性、优化资源配置和提高经济效益具有重要作用。未来，随着市场经济的深入发展和技术进步，项目经济评价将继续面临新的挑战和机遇。因此，需要不断加强理论研究和实践探索，不断完善和优化项目经济评价体系和方法论，以更好地服务于项目决策和经济发展。

然而在实际业务中，财务分析方法也有一定的缺陷或弊端。首先，财务分析所依赖的财务报告和资料可能存在局限性，如报表数据的真实性和准确性可能受到质疑，这可能导致财务分析失去可靠的基础（李凯洲和杨惠贤，2013）。其次，报告中的数据可能只反映了过去的经营状况，对于未来的预测能力有限。这也说明，财务分析需要考虑多种未来的影响因素，当然这需要建立在充分的调查研究和丰富的论证之上，为此需要借助管理信息化与计算机技术（Yong et al.，2023）。再次，财务分析过程可能过于片面，仅关注某些关键财务指标而忽略了其他重要的非财务指标。这使得财务分析的对象可能过于狭隘，未能全面反映企业的整体财务状况、经营成果以及潜在的管理风险。最后，财务指标的构建过于公式化、表面化，过度依赖于数学模型和推导，而缺乏对业务逻辑和关联性的考虑。例如，在构建完全成本指标时，不仅需要考虑经营成本与产量的关系，还需要考虑当产量发生变化后，营业收入变化带动短期借贷，进而影响财务费用与经营成本。这种从全局去思考的逻辑与联系性也是本书设计算法模型的关键所在。

2. 项目经济评价的历史沿革

经济评价这一概念起源于 20 世纪 30 年代的西方国家，当时为了指导投资项目的决策过程，提出了项目评价的理念（刘斌，2020）。这一评价过程基于国家制定的财务制度、相关参数，将财务分析作为主要手段，对项目的财务成本和预期收益进行测算。通过计算投资回收期、投资利润率等关键指标，来评估项目的经济效益，进而判断项目的可行性、盈利潜力以及投资的价值（Ramsey，1980）。这种经济评价方法为投资者提供了重要的决策依据，帮助他们在众多项目中做出明智的选择。

第二次世界大战后，随着西方国家加大对公共基础设施和公共福利项目的投入，传统的财务评价已无法全面满足这些项目的经济评估需求。因此，在项目经济评价中，开始引入对收益分配的社会效益评价内容。到了 20 世纪 70 年代，经济合作与发展组织（OECD）发布了《发展中国家工业项目分析手册》，而联合国工业发展组织（UNIDO）也发布了《项目评价准则》，这两份重要文件均明确提出了经济效益评价与社会效益评价相结合的方法，并形成了项目经济评价的费用效益分析框架（Campbell and Dean，2013；傅家骥，2003）。

进入 20 世纪 70 年代后，随着人口增长和环境污染问题的日益凸显，环境影响评价也被纳入项目经济评价的考量中。这一变化使得项目经济评价更加全面，涵盖了经济效益、社会效益和环境效益等多个方面，形成了现代的费用-效益分析方法。例如，欧盟发布的《投资项目成本效益分析指南》（Guide to Cost-Benefit Analysis of Investment Projects）就强调了在进行不同行业经济评价时，还需注重技术、安全、管理能力等方面的提升评估（Campbell and Dean，2013；殷爱贞和夏宇，2013）。当前，国际上较为通行的经济评价方法主要包括货币需求供给分析（L-M）方法、联合国工业发展组织（UNIDO）方法、SWOT 战略分析方法、阿拉伯方法等（Santos et al.，2022；Zhu et al.，2023；马加传和刘天时，2010）。这些方法不仅关注项目的经济效益，还充分考虑了项目的外部性影响，为投资者提供了更为全面和科学的决策依据。

20 世纪 50 年代我国沿用苏联的技术经济分析方法，应用于重点项目技术经济分析，采用的主要是静态分析方法。改革开放后开始学习借鉴西方国家的经验，引入包括动态经济评价指标在内的项目可行性研究。1982 年，中国投资银行发布《工业贷款项目评估手册》，首次将费用效益分析方法应用于项目评价。经过 30 多年的发展，我国项目经济评价取得了显著成绩。2006 年国家发展和改革委员会、建设部发布《建设项目经济评价方法与参数》（第三版），指出建设项目经济评价包括财务评价和国民经济评价，对于特别重大的建设项目还应进行区域经济和社会经济影响分析的国民经济评价，在经济评价时要求定性与定量相结合，定量评价以动态为主（徐金泉，2006；中国石油天然气股份有限公司规划计划部和中国石油天然气股份有限公司规划总院，2002；中华人民共和国住房和城乡建设部，2010）。在此基础上，各行业均发布了本行业建设项目的经济评价规范性文件，如 2011 年国家能源局发布《水电建设项目经济评价规范》（DL/T 5411—2010），其中对区域经济和社会经济影响分析做了重点阐述，提出了包括总量指标、结构指标、社会与环境指标、国力适应性指标等指标体系（陈茂华，2009；卢明银和袁赛赛，2007）。

3. 项目经济评价的主要视角

经济评价通常以项目为对象，对其投资经济效益开展评价。传统意义上的经济评价是指项目的投资效益分析，包括从企业视角的财务评价和从整个国民经济视角的国民经济评价。前者突出企业盈利分析，后者突出国民经济盈利分析。

财务评价从企业视角出发，按现行的产品价格及企业的基准收益率进行计算、分析被评价项目的投资经济效果，一般采用净现值、内部收益率、投资回收期等作为主要评价指标（李志学，2010；杨惠贤，2016）。除了考察项目盈利能力外，项目财务评价通常还考察项目的产出效率、运营效率、偿债能力、发展能力等。此外，财务评价还涉及盈亏平衡分析、不确定性分析以及风险分析等。其中，盈亏平衡分析、不确定性分析分别寻求项目的盈亏平衡点和敏感性参数；风险分析侧重分析对经济效益产生较大影响的因素，通过风险因素识别、评估与分析，形成具体的风险应对措施。

国民经济评价主要适用于涉及整个国民经济的重大项目和严重影响国计民生的项目，也包括对稀缺资源进行开发利用的项目，重要的进出口（或替代进出口）项目等（李志学，2007；卢明银和袁赛赛，2007）。借助影子价格、影子汇率、社会折现率等参数，考察项目的经济内部收益率、经济净现值、经济净现值率、经济换汇成本、经济节汇成本等，形成国民经济评价结论。

社会评价是指运用社会价格及社会评价指标对项目建设、运营所造成的社会影响、社会可持续性等进行评价，如促进就业、节约成本、改善公共环境、带动区域增长等，主要包括社会影响分析、社会环境互适性分析、社会风险分析等，判断其耗费的社会费用及带来的社会效益，即对社会产生的正负两方面影响（Korytárová and Hromádka，2014）。

环境评价主要指项目对生态环境产生的正负影响，如增加或降低的环境污染物排放量，增多或减少的土地面积、绿地面积，破坏或改善空气质量，以及能源水资源的利用等（Li et al.，2019；Xu et al.，2019）。环境评价有时也归于社会评价，强调经济环境的可持续性。常用的环境效益评价方法包括直接市场评价法、替代市场评价法、权变评价法和成果参照法等，体现出对环境影响的价值或效用评估。

1.2.2　天然气项目经济评价的研究与应用

1. 油气项目经济评价的研究

油气项目经济评价是确保油气勘探和开发项目成功的关键环节，它涉及从项目初期的勘探到后期的开发、调整改造等多个阶段（曹丽，2009；杜国敏和徐舜华，2015）。国际石油公司在 20 世纪 60 年代迈出了对油气投资项目进行经济评价的重要步伐。经过数十年的持续发展与完善，已逐步建立起一套成熟且系统的评价体系。这一体系的核心组成部分涵盖财务指标评价、不确定性分析以及风险评估等多个维度（Yong et al.，2023）。

在进行具体的经济评价时，国际石油公司首先运用概率法或假想方案法，精确地确定各级油气的储量。随后，公司会将不同的开发方式、产能建设策略以及产量预测数据进行科学组合，形成一系列多元化的开发方案（Egger et al.，2001）。

基于这些精心设计的开发方案，国际石油公司进一步结合经济参数，如成本、价格、税率等，对每一套方案进行深入的经济评价。这一评价过程旨在全面评估各方案的经济效益，为公司决策者提供科学、合理的依据，从而确保公司在油气投资项目中实现长期稳定的收益（Dias，2004；Koopmanschap et al.，2005）。

为了更准确地反映油气项目的经济效益，建立一个科学合理的评价指标体系显得尤为重要。这包括从资源潜力、投资成本、生产效率到环境影响等多个维度的考量（傅代国和田小刚，2008）。油气项目的经济评价不能忽视风险和不确定性的分析。这些风险可能来源于地质条件的复杂性、市场波动、政策变化等方面（吕晓岚和曲立，2010）。特别是对于海上油气田和特殊地质条件下的油气田，还需要考虑到特定的技术和经济因素（Kaiser，2008；张向东和张传平，2009；陈武等，2006）。

在进行油气项目经济评价时，既要借鉴国际上的先进经验和方法，也要充分考虑本土的具体情况和特点。这种结合不仅有助于提高经济评价的适用性和有效性，还促进了我国油气行业的发展和国际竞争力的提升（金峰等，2022；杨永国等，2022；Qyyum et al.，2022）。

因此，如何合理评估这些风险，并制定相应的风险管理策略，是提高经济评价准确性和可靠性的重要内容。为了更好地整合勘探、开发、生产等各个阶段的信息，实现对油气项目全生命周期的经济评价，一些研究提出了建立一体化经济评价体系的思路（罗缘芫和程曦，2022）。这种体系不仅能够提供更为全面和深入的评价结果，还能够支持油田企业的持续优化和决策。

国内石油公司遵循《建设项目经济评价方法与参数》的指导原则，多次修订和完善了针对石油行业的项目经济评价方法（徐金泉，2006）。特别值得一提的是，2010 年由中华人民共和国住房和城乡建设部编著的《石油建设项目经济评价方法与参数》，该书系统性地涵盖了财务分析、经济费用效益分析、费用效果分析、不确定性分析与风险分析，以及区域经济与宏观经济影响分析等多个方面。该书为油气田开发与投资项目的经济评价提供了权威的参考依据，确保了评价过程的全面性和准确性。

在石油开发项目经济评价中，区域经济与宏观经济影响分析占据举足轻重的地位，这一分析主要包括社会影响、地区互适性和社会风险三个核心方面。其中，社会影响涵盖对社会环境、自然生态环境、自然资源以及社会经济的综合考量；地区互适性则强调项目与当地社会经济环境的适应性；而社会风险则侧重于预测和评估项目可能带来的潜在社会风险（柳兴邦，2002；罗东坤，2002；王灵碧和罗东坤，2007）。

这一分析过程以定性分析为主，通过深入剖析项目对区域经济和社会环境的长期影响，突显了油气田开发与投资项目和一般建设项目经济评价的不同之处。这种特殊性不仅反映了油气田开发与投资项目经济评价概念的深化与外延，也彰显了其综合性评价的重要特征。通过全面、系统地评估项目对区域经济、社会和环境的影响，为决策者提供更加科学、合理的决策依据，确保项目的可持续发展。

随着油气行业的不断发展和技术的进步，经济评价方法也在不断更新和完善。早期的研究主要集中在传统的财务评价方法上，如净现值（NPV）和内部收益率（IRR）等（傅家骥，2003；张武和宇德明，2002）。

近年来，更多的研究开始关注如何结合地质风险、技术难度等因素，采用更为复杂和全面的评价模型，如实物期权理论、多阶段现金流分析以及基于模糊逻辑和熵权法的综合评价模型（马菊红，2005；许民利和陈晓红，2004；高世葵和董大忠，2004a，2004b）。

在经济评价的应用研究方面，也呈现出综合性这一特征。20 世纪末，学者将实物期权理论首次应用于油气田开发方案经济评价，提出了石油勘探经济评价模型，通过该模型实现对石油项目的财务评价、风险分析和不确定性分析，实物期权在油气田开发方案经济评价中也使用广泛（Ramsey，1980；韩丹等，2019）。

研究表明，实物期权方法在油气田开发方案投资决策中应用的一个特征是，相较于净现值，实物期权方法让油气田开发方案的经济评价能更加考虑项目投资中的不确定性因素（Dias，2004）。油气田存在采收率、油价、气价等一系列不确定因素，实物期权、决策树和蒙特卡罗（Monte Carlo）模拟这三种油气田开发方案的投资评价模型的比较分析能够实现投资与不确定性因素的联合分析（Jin and Weijermars，2022；Sarabia Escriva et al.，2022；王君和耿安然，2009）。

在进行勘探开发经济评价时，综合考虑油气勘探项目的技术、投资、风险的经济评价尤为重要。油气勘探项目经济评价的演进阶段，认为项目经济评价有三个发展阶段，即财务评价阶段、财务社会两方面评价阶段和财务、社会、环境等多目标评价阶段。在此过程中应将储量与产量、开发方式、地面建设方式一并考虑，进行一体化的经济评价（郭建宇等，2004；殷爱贞和夏宇，2013）。通过各阶段对油气储量、勘探成功率、价格等的连续性预测，采用二叉树期权定价方法进行评价，提高油气勘探和油气开发一体化经济评价的效果（刘清志和刘小娇，2013；赵路正，2018；周庆，2018）。

在国际上，学者在深入剖析墨西哥湾深水项目的经济极限情况，重点评估了多项关键指标，包括投资回收期、单井净收益、油气产量以及油气回收率等。这些评价内容不仅揭示了项目在经济压力下的表现，同时也为类似深海油气开发项目的经济评估提供了有价值的参考（Kaiser and Narra，2019）。也有学者以页岩气脱水项目为例，构建了包含二氧化硫、二氧化碳、粉尘等去除在内的评价体系（Li et al.，2019）。或者，构建了工程、技术、数据三方面的风险评价指标，综合应用模糊综合评价与粒子群算法（PSO）-支持向量机进行评价（Weijermars et al.，2018）。探讨了包括油气田开发项目在内的大型项目的经济评估框架，认为应当包含经济、社会和环境评价等多个方面，可以采用基于偏好序的综合性评价方法（Korytárová and Hromádka，2014）。

在国内，学者构建了油气勘探的经济评价指标体系，包括地质因素、勘探开发因素、经济因素及财务指标，建议按照最低经济可采储量进行评价（李玉喜等，2000）。通过对比传统的油气勘探项目经济评价方法与实物期权法的异同，指出不确定条件下后者更能反映投资的价值评估（高世葵和董大忠，2004b）。进一步地，通过分析现金流的经济评价方法，提高评价的层次，可以更为科学地开展油气勘探项目的投入产出分析，综合经济规模、商业价值等目标，以更好地发挥经济评价在投资决策中的支撑作用（郭元岭，2005）。例如，使用成本费用价值贡献变动率、累计现金流增量、新增可采储量、采油速率等指标（王灵碧和罗东坤，2007）；构建包含各类费用为投入、产量为产出的经济评价指标体系（李凯洲和杨惠贤，2013）；或根据不同阶段勘探项目经济评价指标体系，将探明油气储量规模、储量动用率等指标引入经济评价中（王光升等，2008）；建立投资增量内部收益率、新增储量内部收益率、节约人工后的内部收益率等用以解释二次开发项目经济评价的指标体系，进一步优化完善油气田开发项目的经济评价指标体系（张宇等，2010）。

2. 天然气项目经济评价主要方法

随着全球经济的不断发展，能源需求持续增长，天然气作为一种清洁、高效的能源，得到了广泛的关注和应用。天然气项目的投资和建设对于推动经济发展、改善能源结构和减少环境污染具有重要意义。在全球能源消费结构中，天然气占据着举足轻重的地位。近年来，随着页岩气、煤层气等非常规天然气的开发，天然气资源的可开采量不断增加，天然气在能源消费中的比重逐渐提高。与此同时，环境污染和能源安全问题日益突出，天然气作为一种清洁能源，其在改善能源结构和保护环境方面的作用得到了广泛关注。

天然气项目的投资和建设涉及巨额资金和较长周期，因此，对其进行经济评价显得尤为重要。通过经济评价，可以评估项目的投资风险、盈利能力及可持续性，为投资决策提供依据。此外，经济评价还可以为政府制定能源政策、优化能源结构提供参考。

天然气项目经济评价方法较多，但比较常用的包括以下几种：①成本法，主要通过计算项目总投资成本、运营成本和维护成本等，评估项目的成本效益。在成本法中，贴现率是影响评价结果的关键因素。合理选择贴现率，可以准确反映项目的投资风险和收益。②净现值法，是指项目在整个生命周期内，现金流现值与初始投资现值之差。若净现值大于零，表明项目具有正的经济效益；反之，则表示项目经济效益不佳。净现值法可以综合考虑项目的风险和收益，但其计算过程较为复杂，需要合理预测现金流和贴现率。③内部收益率法，是指使项目净现值等于零的贴现率，反映了项目的盈利能力。若内部收益率高于设定的贴现率，表明项目具有较好的经济效益。内部收益率法可以克服净现值法在多方案比较时的局限性，但其计算过程较为复杂，且对现金流的预测较为敏感。

3. 天然气项目经济评价影响因素

天然气价格是影响天然气项目经济评价的重要因素。天然气价格的波动直接影响项目的收入，进而影响项目的经济效益。因此，在进行天然气项目经济评价时，需合理预测天然气价格走势，以提高评价结果的准确性。准确预测天然气价格是进行天然气项目经济评价的关键。然而，天然气价格受到多种因素的影响，如供需关系、政策变动、国际市场价格等，预测难度较大（Yong et al.，2023）。

市场需求是影响天然气项目经济评价的另一个重要因素。随着全球经济的发展，天然气市场需求持续增长。然而，市场需求的变化受到多种因素的影响，如经济发展水平、能源政策、环保要求等。因此，在进行天然气项目经济评价时，需要对市场需求进行合理预测。

技术水平的提高可以降低天然气项目的开发成本，提高资源利用率。因此，在进行天然气项目经济评价时，应充分考虑技术水平的影响。此外，技术创新还可能导致天然气资源的替代和需求变化，进而影响项目的经济效益。

政策环境对天然气项目经济评价具有重要影响。政策风险是影响天然气项目经济评价的重要因素。天然气产业的发展受到政府政策的严格监管。政策变动可能会影响天然气项目的投资收益和风险。政府在能源政策、税收政策、环保政策等方面的调整，将直接影响项目的成本和收益。因此，在进行天然气项目经济评价时，应充分考虑政策环境的影响，以提高评价结果的准确性。

在进行天然气项目经济评价时，应根据实际情况选择合适的评价方法，并充分考虑资源价格、技术水平和政策环境等因素的影响。此外，未来研究应进一步关注非常规天然气资源的开发和利用，以及天然气项目的环境和社会影响等方面，以期为天然气项目的投资决策提供更为全面的参考。

1.3　天然气项目成本管理理论

1.3.1　成本与成本管理理论

1. 成本管理理论的概述

成本作为商品经济发展的产物，是从商品货币经济中衍生出的经济学概念，随着商品经济的发展其内部构成和外部影响因素也在发生变化。1951 年，美国会计学会（AAA）成本概念委员会提出成本不仅涵盖商品的生产成本，还包含实际经营过程中预计产生的经营成本，以及可能发生的一些不可预计的变动成本等。在我国的《企业会计制度》中，"成本"被定义为"企业为生产产品、提供劳务而发生的各种耗费"（杨惠贤，2016；于永生，2006）。总体来说，成本是为了实现特定经济目的（除偿还债务和退款投资以外）而产生的或者将要产生的支出。

20 世纪 60 年代兴起的战略管理理论已经成为企业配置资源、协调各种经营活动、完善管理体制和运行机制、形成竞争优势的强有力工具。要以战略为中心进行管理，企业各种管理计划的实施和管理子系统的运行都应该根据战略管理的要求进行调整。进入 80 年代以后，传统的成本管理活动难以适应战略管理的需要（冯巧根等，1999）。在这种背景下，作为企业管理重要组成部分的成本管理就需要按照战略管理的要求进行调整，将成本管理提升到战略成本管理层次，拓宽传统成本管理的范围，构建与战略管理相适应的战略成本管理方法体系（李卫辉，2011）。

成本管理是在企业管理中使用频率最高的管理名词之一。关于其内涵，不同的研究机构和学者有不同的解释。按照成本最优化的要求有组织地进行预测、决策、计划、控制、分析和考核等一系列的科学管理活动（高立杰，2020；武海燕，2020；赵鹏，2019；周海英等，2021）。

伴随着企业管理实践活动的需要和适应企业日益变化的经营环境，经过许多人的探索、总结和研究，成本管理理论逐步形成、发展和完善。值得注意的是，对成本管理的发展过程，我国众多学者有以下三点认同：一是成本管理的形成和发展与成本管理会计的形成和发展有密不可分的联系；二是成本管理的发展是沿着事后管理到事中管理，再到事前管理的逻辑演进而不断向前发展的；三是成本管理向前发展的内在动力是企业竞争环境的变化（钱钰珊，2019）。

2. 战略成本管理的理论发展

国际学者的战略成本管理理论综述揭示了该领域的多维度发展和应用（杨再勇，2019）。从 20 世纪 80 年代起，随着企业经营环境的变化和信息技术的快速发展，战略成本管理作为一种新兴的管理理念逐渐受到重视（李仲等，2018）。它旨在通过成本管理与企业战略的有效结合，帮助企业建立竞争优势，创造核心竞争力（杜志清，2018）。

战略成本管理的基本思想包括成本的源流管理、与企业战略相匹配、成本管理方法措施的融入以及培养职工的成本意识（任丽梅等，2016）。这些思想强调了成本管理不仅仅是对成本的简单计算和控制，而是需要深入理解成本发生的源头，将成本管理与企业的整体战略紧密结合，并通过全员参与来实现成本的有效控制。

在方法论方面，战略成本管理采用多种分析工具和方法，如价值链分析、成本动因分析、作业基础成本管理等（陈嘉莉，2008；陈武等，2006）。这些方法有助于企业从不同角度识别和分析成本结构，从而更有效地制定和实施成本控制策略。

近年来，我国学者对战略成本管理的研究呈现出理论研究与实证研究相结合、定性研究与定量研究相结合的趋势（傅代国和田小刚，2008）。同时，也强调了战略成本管理模式、供应链、价值链和成本动因等方面的研究。我国学者的战略成本管理理论综述涵盖基本思想与方法、思想突破与实践特征、观念、方法与应用、理论框架研究、国内外研究动态、问题与对策以及发展方向等多个方面（周一虹和李宪琛，2023；陈嘉莉，2008）。这些研究成果不仅为我国企业提供了战略成本管理的理论指导和实践参考，也为进一步推动我国战略成本管理理论的发展和完善奠定了坚实的基础。

1.3.2　气田的成本及其构成

1. 气田开发的特点

气田的特殊性之一来自千万年地层深处的自然沉积，规模上的扩张受制于资源的储量。随着资源的开采，易开采的资源越来越少，产量递减趋势是不可避免的。同时，减少后不能通过人力和自然的力量进行重置，其价值也随储量资产的减少逐渐降低（白兰君，2006；孙晓娜和陈武，2006）。另外，随着开采的深化，开采成本也呈现递增趋势，在开采过程中，含水率将不断上升，导致开采成本的递增。而不进行采掘和开发时，它的蕴藏量不会折耗，其价值也不会发生转移，即只有物质实体的有形损耗而没有无形损耗，这构成了它区别于固定资产的特征，从而使油气的折耗不同于固定资产的折旧。

特殊性之二在于生产经营活动的高投入、高风险、投资回收期长，并且收益和风险的相关性较低。从正式确认资源，到资源枯竭需要经历很长的时间。天然气生产企业一般要经过矿权的取得、租约定金的支付、钻井作业的支出、开采过程的支出和生产过程的支出等，最后才通过销售流回企业。从勘探到正式生产需要几年甚至十几年的时间，在此之后，为探明资源所发生的支出才能从资源的销售收入中得到补偿，成为企业生存和发展的基础（吴俊峰，2006；陈武等，2006）。

2. 气田的成本构成与主要影响因素

一般的理论认为，气田的成本通常包括四个部分：一是直接进入当期损益的现金操作成本；二是进入当期损益的资本化成本，包括折旧折耗及摊销和长期资产减损；三是为发现储量而发生的地质勘探费用；四是销售及管理费用和财务费用（李卫辉，2011；李志学，2007；潘广伟，2010；宿晓宁，2007；孙晓娜和陈武，2006；谢家平和孔令丞，2002；杨化峰和郭景先，2006）。在构成完全成本的影响因素中，包括但不限于以下方面。

基本运行费是指天然气生产经营活动运转所发生的成本，包括材料费、燃料费、动力费、运输费、维护及修理费、测井试井费、井下作业费、业务外包支出等。

人员费用是指直接从事生产的采气队等生产人员费用，包括工资薪金、奖金、津贴、福利费、社保、工会经费、住房公积金、职工教育经费等。

折旧、折耗及摊销是指资产在当期生产中的转移价值，包括固定资产折旧、油气资产折耗及无形资产摊销。其中，固定资产折旧是指固定资产由于损耗而转移到产品中的那部分价值。油气资产折耗是为补偿油气资产在生产过程中的价值损耗而提取的补偿费用。

地质勘探费用是指地质勘探过程中发生的支出，包括地质调查、地球物理勘探及其他物化探和地震费用，以及未发现经济可采储量探井、评价井的费用和成功探井、评价井的无效井段费用。

销售及管理费用是指销售天然气产品过程中发生的费用。管理费用包括安全生产费及分摊的上级管理费用。上级管理费用是指油田公司一级的管理部门为组织和管理生产经营所发生的管理费用分摊；安全生产费是按照国家和集团公司规定对在中国境内直接从事勘探生产、危险品生产和存储、交通运输的企业等提取的费用。

财务费用是指项目为筹集资金在运营期间所发生的费用。税费包括城市维护建设税、教育费附加、资源税、石油特别收益金、矿业权出让收益等。

1.4　天然气项目风险管理理论

1.4.1　项目风险管理的概述

1. 项目风险管理的主要内容

项目风险管理是项目管理的一个重要方面，旨在识别、评估、控制和降低项目中的风险（代由进等，2015；张武和宇德明，2002）。一个有效的风险管理策略能够降低风险对项目目标的影响，提高项目的成功率。项目风险管理主要包括以下内容。

风险识别是项目风险管理的第一步，涉及识别项目中可能出现的所有潜在风险。风险识别需要收集项目相关信息，分析项目环境，找出可能影响项目的风险因素。

风险评估是在识别出潜在风险后，需要对这些风险进行评估。评估包括确定风险的可能性和影响程度，以便了解哪些风险对项目的影响最大。风险评估可以采用定性和定量方法进行。

风险量化是在定性和定量评估的基础上，进一步用数值来表示风险的严重程度。通过量化风险，可以更直观地比较不同风险的严重性，从而制定更有效的应对策略。

风险应对是在识别、评估和量化风险之后，制定相应的风险应对策略。风险应对策略包括预防措施、减轻措施、转移措施和储备措施等，旨在降低风险对项目的影响。

风险监控是在项目实施过程中持续监测风险，并及时调整风险管理策略。通过监控，可以及时发现新出现的风险，并对风险管理策略进行优化。

风险报告用以定期记录项目的风险状况、应对措施及效果。报告应提供给项目相关利益方，以便他们了解项目风险情况并做出决策。

2. 敏感性分析在项目风险管理中的应用

敏感性分析作为评估项目或决策不确定性的关键手段，通过探究参数变化、模型选择、数据来源等因素对项目结果的影响程度，使决策者能够更深入地理解项目风险和不确定性（柳涵等，2019；孙晓娜和陈武，2006；王有坤和张祝平，2020；王惠君等，2023）。

敏感性分析的首要步骤是探究参数的变化。这意味着，当某些参数发生变化时，决策者可以观察到项目结果的变化。这种变化有助于决策者识别哪些参数对项目结果的影响最为显著，从而更准确地把握项目风险和不确定性。

模型选择是敏感性分析的关键环节。在选择模型时，必须确保其能够真实地反映项目的实际情况。若模型无法真实反映实际情况，敏感性分析的结果可能导致决策者误判。因此，在选择模型时，需要进行细致的评估和对比。

数据来源对敏感性分析的影响同样重要。如果数据来源不可靠或不准确，敏感性分析的结果可能产生误导。因此，在选择数据来源时，必须确保其可靠性和准确性。此外，还需关注数据的代表性和一致性，以确保数据准确无误。

不确定性是敏感性分析的核心概念之一。不确定性可能来源于多个方面，如数据的不确定性、模型的不确定性等。了解不确定性有助于决策者更准确地理解项目风险和不确定性。

敏感性分析有助于决策者进行风险评估。通过探究不同参数和变量对项目结果的影响程度，决策者可以更准确地理解项目风险和不确定性。此外，敏感性分析还能帮助决策者识别哪些参数和变量对项目风险和不确定性影响最大，以便更有效地管理风险。

情景分析是敏感性分析的一种重要方法。通过构建不同的情景，模拟项目未来的发展走向，决策者可以更深入地理解项目风险和不确定性。在情景分析中，可以模拟不同参数和变量对项目结果的影响程度。

1.4.2 天然气项目经济评价的风险管理

1. 天然气项目的主要风险

在气田经济评价中，资源风险主要涉及气田的储量和品质。储量风险是指气田的储量可能无法达到预期，导致生产规模和经济效益受到严重影响。品质风险是指气田产出的天然气品质可能与市场需求不一致，影响其市场价格和销售。

技术风险涉及气田开发的技术难度和可行性。开发过程中可能会遇到技术难题，如气田的地质条件复杂、开采难度大等，这可能导致开发成本增加、开发周期延长，甚至可能影响气田的开发可行性。

市场风险主要涉及天然气市场的需求、价格和竞争。如果市场需求不足或价格低迷，气田的经济效益将受到严重影响。此外，如果市场竞争激烈，气田的天然气可能难以销售或价格受到打压，也会对经济效益产生负面影响。

财务风险涉及气田的投资、融资和资金管理。投资风险是指气田的投资可能无法按计划回收或盈利，融资风险是指气田可能无法获得足够的融资支持，资金管理风险是指气田的资金可能存在被挪用或流失的风险。

运营风险主要涉及气田的生产、运输和销售。生产风险是指气田的生产可能受到各种因素的影响，如设备故障、安全事故等，导致生产中断或成本增加。运输风险是指天然气的运输可能存在安全和效率问题，影响其销售和市场竞争力。销售风险是指气田的天然气可能难以销售或价格受到限制。

　　法律风险主要涉及气田的经济评价和合法性。气田开发必须遵守相关的法律法规，包括环保法规、安全生产法规等。如果违反这些法规，可能会导致罚款、停产等后果，严重影响气田的经济效益。此外，法律风险还可能是合同和协议的履行，如果合同或协议中的条款无法履行，也可能对气田的经济效益产生负面影响。

2. 加强风险管理以提升经济评价科学性

　　天然气项目的投资规模大、周期长、风险高，因此对其进行经济评价是保障投资者利益、降低投资风险的重要手段。经济评价可以帮助投资者了解项目的收益和风险，为投资决策提供依据。此外，经济评价还有助于提高天然气项目的管理水平，降低项目成本，提高项目效益。天然气项目经济评价的关键问题包括天然气价格、市场需求和政策风险。在进行天然气项目经济评价时，应采用多种方法进行风险评估，关注政策变动，加强市场研究，以提高经济评价的准确性和可靠性。

　　加强天然气项目经济评价的路径主要包括以下方面。一是采用多种方法进行风险评估。在进行天然气项目经济评价时，应采用多种方法进行风险评估，以提高评估结果的准确性。例如，可以采用敏感性分析、概率分析等方法，对天然气价格、市场需求等因素进行综合分析。二是关注政策变动。在进行天然气项目经济评价时，应密切关注政策变动，充分考虑政策风险。可以通过参加行业会议、阅读政策文件等方式，了解政策变动对天然气项目的影响。三是加强市场研究。在进行天然气项目经济评价时，应加强对市场需求的研究。通过调查研究、数据分析等手段，了解市场需求的变化趋势，可以为投资决策提供依据。

第 2 章

天然气行业发展概述

我国常规与非常规天然气资源潜力巨大，近年来在勘探和开发方面取得了显著进展。常规天然气资源方面，2015 年国土资源部发布的数据显示，常规天然气地质资源量为 68 万亿立方米，可采资源量为 40 万亿立方米。此外，2016 年数据显示，地质资源量增长至 90 万亿立方米，可采资源量增长至 50 万亿立方米。这些数据表明，我国常规天然气资源基础雄厚，具有较大的开发潜力。

非常规天然气资源方面，我国也展现出丰富的资源潜力。近年来，非常规天然气勘探取得了历史性突破，煤层气、致密气、页岩气等勘探实现了重大突破。尽管资源潜力巨大，但非常规天然气的开发利用程度相对较低，面临着一些挑战。非常规天然气的储存量大于常规天然气，占据天然气资源的 50% 以上。因此，加快非常规天然气资源的开发利用对我国经济社会发展与能源安全具有重要的战略意义。

2.1 天然气资源开发利用现状

1. 常规天然气资源开发利用现状

我国天然气资源分布不均，呈现出"西多东少、北富南贫"的特点。西部地区，特别是新疆、青海、甘肃和四川等地，天然气储量丰富。相比之下，东部和南部地区的天然气资源相对较少。

目前，我国主要天然气产区集中在西部，包括新疆、青海、甘肃、四川和陕西等地。其中，新疆的塔里木盆地、准噶尔盆地以及青海的柴达木盆地等都是我国天然气重要产区。我国天然气资源类型多样，主要包括陆相天然气、海相天然气等。其中，陆相天然气主要分布在西北和华北地区，海相天然气则主要分布在东部海域。

近年来，随着环保意识的提升和清洁能源的需求增加，我国天然气的利用量逐年上升。目前，天然气已经广泛应用于居民用气、工业燃料、发电、化工等多个领域。然而，相较于发达国家，我国天然气的利用率仍然较低，仍有较大的提升空间。

天然气的开发利用对于我国的环境保护具有积极意义。作为一种清洁能源，天然气燃烧产生的二氧化碳排放量远低于煤炭和石油等传统能源。因此，提高天然气的利用比例有助于减少温室气体排放，缓解气候变化的影响。天然气的开发还可以促进能源结构的优化，提高能源利用效率，推动经济社会的可持续发展。

预计未来几年，我国天然气产业将继续保持快速发展的态势。一方面，随着国家对清洁能源的大力推广和环保政策的实施，天然气的需求将持续增加；另一方面，随着勘探技术的进步和非常规天然气资源的开发，我国的天然气供应量也有望稳步增长。

2. 非常规天然气资源开发利用现状

全球非常规天然气的资源量巨大，2023 年全球致密气、煤层气和页岩气三类非常规天然气可采资源量约为 920 万亿立方米。我国非常规天然气资源主要包括煤层气、页岩气、水溶气、天然气水合物、无机气、浅层生物气及致密气等。中国非常规天然气可采储量相当可观。据不完全测算，2023 年中国非常规天然气可采资源量为 27 万亿～115 万亿立方米。

2023 年，天然气年产量达 2300 亿立方米。四川、鄂尔多斯、塔里木三大盆地是增产主阵地，其中非常规天然气产量突破 960 亿立方米，占天然气总产量的 43%，成为天然气增储上产的重要增长极。

致密气技术可采资源量为 9 万亿～13 万亿立方米，中值 11 万亿立方米，约占全国天然气可采资源量的 22%。这一数据显示了我国在非常规天然气技术可采资源方面的潜力和进展。2023 年，致密气夯实鄂尔多斯、四川两大资源阵地，全年产量超 600 亿立方米，占比 26.09%，已成为非常规气领域中的增产压舱石。

页岩气是非常规天然气资源的重要组成部分，我国页岩气可采资源量达 12.85 万亿立方米，开发潜力巨大。自 2005 年以来，国内页岩气实现了从无到有、从小到大的重大突破。2023 年，页岩气新区新领域获重要发现，中深层生产基地不断巩固，深层持续突破，年产量突破 250 亿立方米，占比 10.9%，将在天然气发展中发挥更加重要的作用。

煤层气是另一种重要的非常规天然气资源，也是我国天然气的重要接替资源之一。2023 年，煤层气稳步推进中浅层滚动勘探开发，深层勘探实现重大突破，全年生产煤层气超 110 亿立方米，占比 4.78%。煤层气作为我国天然气增产的重要补充，尽管近年来开发利用进展较大，但煤层气产量相较其他非常规气仍偏低，在天然气产量中占比较小，资源潜力待有效释放。

非常规天然气资源开发中面临的主要挑战包括：开采难度大、采收率相对较低、资源家底不清、适配性技术缺乏、难以实现效益开发、矿权问题突出、监管政策滞后、财税扶持政策不完善以及缺乏核心技术等。解决这些挑战的方案主要包括加强基础地质调查和资源评价、科技创新、产业扶持、完善非常规天然气产业政策体系、统筹规划、突出重点、明确项目、加强示范、强化科技创新和做好标准规范等方面。此外，通过井震结合的方式建立高分辨率三维地质模型，精准预测非常规气储集层平面"甜点区"和纵向"甜点段"，为非常规天然气的有效开发提供理论指导也是一个重要的解决方案。

3. 四川天然气资源开发利用现状

四川盆地天然气资源量丰富，居全国第一。根据自然资源部"十三五"资源评价数据，四川盆地天然气总资源量 39.94 万亿立方米，其中页岩气资源量 21.63 万亿立方米，是中国天然气勘探开发最具潜力的盆地。四川盆地的天然气资源储量约等于鄂尔多斯、塔里木、柴达木三大盆地天然气资源量的总和，已获探明储量 6.17 万亿立方米，探明率仅 9.3%。四川省内的天然气消费在能源消费总量中的占比较低,这为天然气的进一步开发利用提供了空间。

四川天然气资源分布广泛,类型多样,具有较大的开发潜力。天然气资源主要分布在川南片区、川西北片区、川中片区、川东北片区等区域。其中,川南地区是四川天然气资源最为富集的区域之一,主要包括泸州、宜宾、自贡等地区。川西北地区也是天然气资源较为丰富的地区之一,主要包括广元、绵阳、德阳等地区。川中地区和川东北地区也有一定的天然气资源分布。

除了地区分布外,四川天然气资源类型也较为多样,包括常规天然气、页岩气、致密气等。其中,页岩气是四川近年来勘探开发的重点,已成为四川天然气产量增长的重要动力。

四川具有全国首屈一指的天然气(页岩气)资源优势,其技术可开发量和经济可开发量都相当可观。因此,四川完全有条件建成全国最大的千亿级天然气(页岩气)生产基地,弥补我国天然气需求缺口,并部分替代石油供应短板。

四川天然气投资情况呈现出积极向上的趋势,未来随着市场的不断扩大和技术的不断进步,投资前景更加广阔。近年来,四川在天然气领域加大了投资力度,积极推动天然气产业的发展。例如,中国石油西南油气田公司在四川盆地的天然气年产量已突破400 亿立方米,占同期全国天然气产量的 1/5,这标志着四川盆地已成为我国西南地区首个年产 400 亿立方米的大气区。此外,四川还积极推进天然气加工业的发展,以补齐产业链、供应链短板,解国家发展安全之忧。

在投资方面,四川不仅吸引了国内大型石油公司的投资,还积极引进外资和技术,推动天然气勘探开发和加工利用的技术创新和产业升级。同时,四川省人民政府也出台了一系列政策措施,鼓励和支持天然气产业的发展,为企业提供了良好的投资环境和政策支持。

四川天然气产业得到了国家层面的支持,国家能源局启动了四川盆地千亿立方米天然气产能建设专项规划编制工作,力争到 2025 年,川渝天然气(页岩气)产量达 630 亿立方米;到 2035 年,建成中国第一个千亿级天然气生产基地。此外,四川天然气市场经过多年培育,形成了稳定的市场格局和持续的发展态势,天然气在一次能源消费结构中的比例达到 15%,显示出良好的市场需求和发展潜力。

2.2 天然气产业发展现状

2.2.1 天然气产量

天然气产业作为国家能源体系的重要组成部分,其产量变化不仅关乎国家能源安全,也直接影响着社会经济的稳健发展。近年来,我国天然气产量持续攀升,展现出强劲的增长势头。天然气产量实现了大幅增长,为国家的能源结构优化和低碳转型提供了有力支撑。全国天然气产量如表 2.1 所示。

表 2.1　全国天然气产量

年份	天然气产量/亿立方米
2018	1601.59
2019	1753.62
2020	1924.95
2021	2075.84
2022	2201.10
2023	2297.10

数据来源：国家统计局《能源生产情况报告》

　　回顾过去几年的发展历程，我国天然气产量呈逐年攀升态势。2018 年，天然气产量 1601.59 亿立方米，2019 年，产量跃升至 1753.62 亿立方米，环比增长 9.49%。到了 2020 年，尽管受到全球疫情的影响，但我国天然气产量依然保持强劲增长，达到了 1924.95 亿立方米，环比增长 9.77%。随后的 2021 年和 2022 年，天然气产量虽然增速放缓，但依然保持了增长态势，分别达到 2075.84 亿立方米和 2201.10 亿立方米，环比增长 7.84% 和 6.03%。这一系列数据的背后，是多重因素共同作用的结果。市场需求的持续增长是推动天然气产量提升的重要动力。随着经济的快速发展和人民生活水平的不断提高，天然气作为清洁能源在居民生活、工业生产等领域的应用越来越广泛，需求量逐年攀升。同时，政策调整也为天然气产量的增长创造了有利条件。国家在能源政策上越来越重视清洁能源的发展，对天然气产业的扶持力度不断加大，为产业的快速发展提供了有力保障。技术进步也是推动天然气产量提升的关键因素。随着勘探开发技术的不断创新和进步，天然气开采效率不断提高，成本逐渐降低，为产量的提升奠定了技术基础。

　　在天然气产量的构成方面，不同地区和不同类型气田的产量占比呈现出一定的差异。一些地区拥有丰富的天然气资源储量，其产量占比自然较高。不同类型气田的开发难度和成本也存在差异，导致其在总产量中的占比各不相同。这种地域性和结构性的特点使得天然气产量更加多元化和复杂化。

　　展望未来，我国天然气产量仍有巨大的增长潜力。随着国家对清洁能源的重视程度不断提高和环保政策的日益严格，天然气作为清洁能源的代表将在未来能源结构中占据更加重要的地位。另外，随着科技的不断进步和创新，天然气勘探开发技术将继续取得突破性进展，为产量的提升提供更加强劲的技术支撑。

　　我国天然气产量在近年来实现了快速增长，展现出良好的发展势头。在未来一段时间内，随着市场需求的持续增长、政策扶持的不断加强和技术进步的不断推动，天然气产量有望继续保持增长态势。这将为国家的能源安全和经济发展提供更加坚实的保障，也需要关注天然气产业发展过程中可能出现的问题和挑战，积极采取措施加以应对和解决，确保产业的稳健发展。

2.2.2　天然气消费量

　　在我国的能源消费版图中，天然气占据着举足轻重的地位。而近年来，随着清洁能源的推广和环保意识的提升，天然气在这一行业中的消费量也呈现出显著的波动增长趋势。全国天然气表观消费量如表 2.2 所示。

表 2.2　全国天然气表观消费量

年份	天然气消费量/亿立方米
2018	2803
2019	3067
2020	3240
2021	3726
2022	3663
2023	3945.3

数据来源：国家能源局《中国天然气发展报告》

以上数据表明，全国天然气消费量持续增长。随着能源结构的优化和环保要求的提高，未来天然气消费量有望继续保持增长态势。

除了地区差异外，天然气价格的市场波动是影响消费量的关键因素之一。近年来，随着天然气市场的逐步开放和价格机制的改革，天然气价格经历了多次波动。在价格较低时，往往会增加对天然气的消费以降低成本；而在价格较高时，则会减少消费或寻找替代品。天然气价格的市场波动对于天然气消费量具有直接且显著的影响。

环保政策的导向作用不容忽视。近年来，中国对于环保的重视程度不断提升，出台了一系列严格的环保政策和措施。这些政策的实施不仅提高了环保门槛，也推动了行业向清洁、低碳的方向转型。在这一背景下，天然气作为清洁能源的代表，其消费量也随之增加。

能源结构的整体调整也是影响天然气消费量的重要因素之一。随着全球能源结构的转变和中国能源战略的调整，清洁能源在整体能源结构中的比重不断提升。而作为清洁能源之一的天然气，其应用也日益广泛。这一趋势不仅符合全球能源发展的大方向，也为中国能源行业、社会经济的可持续发展提供了有力支撑。

2.2.3　天然气工业的发展现状

在全球能源市场的大棋盘上，天然气工业正逐渐显现出其不可或缺的战略地位。随着清洁能源需求的稳步增长，天然气以其高效、环保的特性，正成为推动能源转型的关键力量。这股趋势并非空穴来风，而是基于一系列坚实的发展基础和前瞻性的技术革新。

首先便是新技术的层出不穷。页岩气开采技术，作为天然气领域的一大革新，正在深刻地改变着天然气的供应格局。它打破了传统天然气田的地理限制，使得更多地区能够加入到天然气生产的行列中。而液化天然气技术，则以其独特的储存和运输优势，为天然气在全球范围内的广泛应用扫清了障碍。这些技术的应用不仅提高了天然气的开采效率，更降低了生产成本，使得天然气在能源市场中的竞争力日益增强。

与此同时，天然气基础设施的完善也在为行业的腾飞奠定坚实基础。天然气管道的建设和扩建，如同能源版图的血脉，将天然气源源不断地输送到需求旺盛的地区。液化天然气接收站的建设，则像是能源版图的港口，为天然气的进口和出口提供了便利条件。这些基础设施的完善不仅保障了天然气的稳定供应，更为天然气工业的未来发展提供了有力支撑。

政府的清洁能源扶持政策和环保法规的加强，也在为天然气工业的发展创造更加有利的环境。在全球范围内，越来越多的国家将清洁能源作为未来能源战略的重要方向。天然气作为一种相对清洁的能源形式，自然成为这些政策扶持的重点对象。而环保法规的加强则进一步推动了能源行业的绿色转型，为天然气工业的发展提供了更加广阔的市场空间。

在全球能源市场中，天然气工业的地位正在不断上升。它已经不再是石油的附属品，而是成为与石油并驾齐驱的重要能源形式。在竞争格局上，天然气工业也展现出了其独特的优势。与传统的煤炭和石油相比，天然气在环保、效率等方面具有明显优势。这使得天然气在全球能源市场中的份额逐年增加，竞争地位也日益稳固。

天然气工业的发展也面临着诸多挑战。首先是地缘政治风险的影响。天然气资源的分布不均使得一些地区对外部供应的依赖程度较高。一旦地缘政治局势发生变化，可能会对天然气供应链造成冲击。其次是价格波动的风险。天然气市场的价格受到多种因素的影响，包括供需关系、天气、政策等。价格的波动可能会对天然气工业的稳定发展带来不确定性。

尽管面临挑战，但天然气工业的未来依然充满了机遇。随着清洁能源需求的持续增长和环保法规的加强，天然气作为一种清洁、高效的能源形式将继续受到青睐。新技术的应用和基础设施的完善也将为天然气工业的发展提供有力支持。在全球范围内，天然气工业有望迎来更加繁荣的发展时期。

总体来看，天然气工业在全球能源市场中的地位正在不断上升。它以其独特的优势在竞争格局中脱颖而出，成为推动全球能源转型的重要力量。尽管面临地缘政治风险和价格波动的挑战，但天然气工业的未来依然充满了机遇。通过深入了解天然气工业的发展趋势和市场前景，可以更好地把握该行业的发展方向和投资机会，为投资决策提供有力的参考依据。

2.2.4　天然气市场发展潜力

我国作为全球最大的能源消费国之一，天然气市场潜力巨大。随着能源消费结构的优化和环境保护要求的提高，天然气作为清洁、高效的能源，在中国的能源消费中扮演着越来越重要的角色。预计未来几年，中国天然气市场将保持快速增长态势。

中国天然气资源分布不均，主要集中在西部地区，如塔里木盆地、鄂尔多斯盆地等。中国的页岩气、煤层气等非常规天然气资源也十分丰富，具有巨大的开发潜力。随着勘探技术的不断进步，未来中国天然气储量还将进一步增加。

目前，国内天然气消费主要集中在城市燃气、工业燃料和发电等领域。随着城市化进程的加快和工业结构的优化，天然气在这些领域的需求将持续增长。此外，随着清洁能源转型的推进，天然气在交通、化工等领域的应用也将不断拓展。

中国正积极推动清洁能源转型，天然气作为其中的重要一环，将受益于政策的支持。

政府通过提高清洁能源比重、限制高污染能源使用等措施，为天然气市场的发展创造了有利条件。

为了促进天然气市场的发展，中国制定了一系列支持政策，包括财政补贴、税收优惠、产业扶持等。这些政策的实施，将有力推动天然气产业的快速发展。我国天然气市场的价格机制正在逐步完善，政府正在推动天然气价格市场化改革。市场准入政策也在逐步放宽，吸引更多社会资本进入天然气领域。这些措施将有助于增强市场活力，促进天然气市场的健康发展。通过引进国外先进的天然气开发技术和管理经验，国际合作也将有助于中国在全球天然气市场中争取更多的话语权和影响力。

第 3 章

天然气资源经济评价

3.1 天然气开发方案经济评价概述

1. 天然气上游项目的概念

天然气上游项目主要涉及天然气的勘探和开发，这是整个天然气产业链中最前端、最基础的部分。具体来说，天然气上游项目主要包括区域勘探、预探、详探以及气藏工程、钻井工程、采气工程和地面工程等多个环节。

勘探阶段主要通过对地质、地球物理和地球化学等多方面的数据进行收集和分析，确定潜在的天然气田或气藏。预探阶段则是对这些潜在的天然气田或气藏进行初步的钻探和测试，以验证其存在和储量。详探阶段则是对已经确认的天然气田或气藏进行详细的钻探和测试，以确定其具体的储量、品质和开采难度。

开发阶段主要是根据详探的结果，制定具体的开采方案和设计。钻井工程则是按照开采方案和设计，进行钻井作业，建立开采通道。采气工程则是通过钻井和相关的设备，将天然气从地下开采出来。地面工程则包括井场、增压站、天然气净化厂、天然气处理厂、集输管网等从井口以后到商品天然气外输为止的全部工程。

2. 天然气上游项目经济评价

天然气上游项目经济评价是一个综合性的过程，需要考虑多个方面的因素。通过对项目的储量评估、投资成本、政策和法规、收益预测、市场需求、风险管理、技术可行性、经济效益和社会效益等方面的综合分析，可以为项目的投资决策提供全面、准确的依据。

市场需求调研是天然气上游项目经济评价的首要环节。通过对天然气市场的调研，了解市场需求规模、需求结构、需求趋势等信息，为项目的投资决策提供依据。在市场需求调研中，需要收集和分析相关数据，评估市场的潜力和风险，并制定相应的市场策略。

天然气上游项目的投资与评估离不开对资源储量的评估。这包括对气田的规模、储量、开采难度等进行全面的评估。通过对资源储量的评估，可以了解项目的可持续性和长期盈利能力。

技术可行性研究是评估天然气上游项目技术方面是否可行的关键环节。通过技术可行性研究，可以评估项目的技术难度、技术成熟度、技术可靠性等因素，为项目的投资决策提供依据。在技术可行性研究中，需要收集和分析相关技术资料和数据，评估技术的可行性和优势，并提出相应的技术实施方案。

天然气上游项目的投资成本分析是项目经济评价的基础。投资成本主要包括土地购置费、设备购置费、安装费、劳动力成本、前期研究费用、运营维护费用等。在投资成本分析中，需要详细估算各项费用，并根据项目的实际情况进行动态调整。同时，还需要考虑通货膨胀、利率等因素对投资成本的影响。

收益预测评估是天然气上游项目经济评价的核心内容之一。通过对天然气市场需求的调研和分析，预测项目未来的销售收入和利润。在收益预测评估中，需要考虑天然气价格波动、市场竞争状况、政府政策等因素对收益的影响。同时，还需要根据项目的实际情况选择合适的收益预测方法和模型。

政策和法规对天然气上游项目的投资与评估具有重要影响。在投资决策前，需要对相关政策和法规进行深入分析，了解其对项目的影响和约束。政策和法规分析的内容包括国家能源政策、环保政策、税收政策、土地使用政策等。通过对政策和法规的分析，可以确保项目合规运营，降低政策风险。

天然气上游项目面临着多种风险，如市场风险、技术风险、环境风险等。为了降低风险对项目的影响，需要制定有效的风险管理措施。这些措施包括风险识别、风险评估、风险预警、风险应对等。通过实施这些措施，可以提高项目的抗风险能力，保障项目的稳健运营。

对天然气上游项目进行财务分析是经济评价的重要环节。通过对项目的投资成本、收益预测、市场需求等因素进行综合分析，评估项目的经济效益。财务分析主要包括静态投资回收期、动态投资回收期、内部收益率、净现值等指标的计算和分析。通过对市场需求、资源储量、技术可行性等因素的综合分析，测算项目未来的销售收入、利润、现金流等经济指标，可以评估项目的盈利能力和经济效益水平。

社会效益评估是评估天然气上游项目对社会和环境的贡献和影响的环节。社会效益主要包括改善能源结构、提高能源利用效率、促进地区经济发展、改善居民生活质量等方面。在社会效益评估中，需要收集和分析相关数据和信息，评估项目对社会和环境的贡献和影响，并提出相应的建议和措施。

3. 气田开发方案经济评价的步骤

天然气开发方案经济评价，需要综合考虑市场、资源、技术、财务等多个方面。与天然气上游项目经济评价相似，开发方案的经济评价更加侧重于可行性，需要经过多轮反复的论证。通过科学、系统的评价，为天然气开发投资的决策提供科学的分析。

在市场调研环节，着重分析当前及未来的天然气市场需求和供应情况。研究天然气价格趋势及其影响因素。评估竞争对手的情况和市场占有率。

在资源评估环节，对项目所在地的天然气储量、品质和开采条件进行评估。通常需要利用专业软件和方法计算资源的经济价值。在本书设计的算法模型中，保留了进行资源评估的模型设计或计算结果引入的接口。

在投资成本与预测估算环节，重点是计算初始投资成本，包括勘探、开发、生产设备购置等。预测项目运营期间的成本变化，如维护费用、人力成本等。进行投资估算，包括初期投资、运营成本以及可能的风险投资等。总成本费用的估算也是必不可少的，以确保项目在经济上是可行的。

在收益预测与分析环节，要充分地基于市场调研和资源评估，预测项目的未来收益，分析收益的稳定性、增长性和可持续性。

在财务评价与指标计算环节，主要是针对内部收益率、净现值和投资回收期等，分析项目的财务可行性和经济效益。根据项目的特点和所处的阶段，选择或设计相应的技术经济评价体系和指标。

风险识别与评估是识别项目可能面临的市场风险、技术风险、环境风险等。采用定性和定量方法评估各类风险的发生概率和影响程度。

通过敏感性分析、概率分析等方法，评估项目收益和成本的不确定性。为决策者提供在不同情况下的应对策略。

4. 天然气开发方案经济评价的要点

确定经济评价的原则和方法。在原则上要明确项目的经济可行性原则。例如，进行前期投资估算，包括初期投资、运营成本以及可能的风险投资等，以确保项目在经济上是可行的。在方法上要根据项目的特点和所处的阶段，选择或设计相应的技术经济评价体系和指标。例如，现金流量法、增量法等，以进行对应内部收益率、净现值等指标的计算。

着重分析内部收益率、净现值等关键指标。由于天然气项目通常需要大量的初期投资，因此评估投资的回报率非常重要。这可以通过计算内部收益率和净现值来实现。

持续开展项目影响和后评价。除了项目的经济评价，还应考虑项目的影响和持续性，进行后评价，以评估项目实施后对环境、社会和经济的影响。进行项目决策及管理后评价，对项目实施过程中的管理决策进行分析，以总结经验教训。

科学推进全生命周期经济评价。为了追求项目效益的最大化，可以采用全生命周期的经济评价方法，从项目的投资管理到运营管理，再到数据管理和评价管理，全过程进行经济评价。

综合评估项目的整体经济效益。结合公司的战略目标和资源配置，做出是否投资的决策。

3.2　常规天然气开发方案经济评价

3.2.1　常规天然气项目的投资特点

1. 常规天然气项目的投资概述

常规天然气项目生产和投资的首要特点是其资源基础。拥有稳定、丰富的天然气资源是项目成功的关键。在选择项目时，需要评估资源的可获得性、储量大小以及地理分布等因素。资源基础坚实，能够为项目的持续生产和盈利提供保障。

常规天然气项目的生产和投资对技术要求较高。从勘探、开采到处理和运输，每个环节都需要专业技术和设备的支持。技术的不断更新和升级对于提高生产效率、降低成本和确保安全性至关重要。随着环境保护意识的增强，常规天然气项目需要考虑环境影响。减少污染排放、节约能源和资源以及实施可持续发展的措施是必要的。这涉及环保设备的投入、技术改进和管理制度的完善等方面。经济考量是常规天然气项目生产和投资的重要特点之一。需要评估项目的经济效益,包括预期的收入、成本和利润等。此外,还需要考虑资金需求、融资渠道以及市场风险等因素。天然气行业的政策和法规变化对项目的生产和投资具有显著影响。需要密切关注相关政策动态,评估法规变动可能带来的风险,并采取应对措施。合理规避政策和法规风险对于保障项目的长期稳定运营至关重要。

市场稳定性是常规天然气项目生产和投资需要考虑的重要因素。市场需求的变化、竞争状况以及价格波动等因素都可能影响到项目的经济效益。保持与市场的紧密联系,了解行业趋势,制定灵活的市场策略,有助于提高项目的市场竞争力,保障生产和投资的稳定性。

2. 常规天然气项目的投资特点分析

我国天然气行业也面临着资源环境复杂程度提高、开发难度持续增加等挑战。我国常规天然气投资特点主要体现在以下几个方面。

虽然近年来国内油气企业加大了勘探开发投资,但是天然气开采环节对资金投入规模及开采技术具有很高的要求。此外,天然气资源开发具有成本高且周期长的特点,投资面临的挑战多、风险大。天然气产业链从上游的勘探开发到中游的运输和下游分销,涉及多个环节,且每个环节都有其特定的要求和挑战。国际天然气价格持续走高也给国内天然气市场带来了一定的风险。得益于我国政府一直在推动能源结构的优化,天然气作为清洁能源的重要组成部分,其发展得到了大力支持。我国常规天然气探明储量一直保持稳步增长,显示出常规天然气依然作为核心的天然气气源,其市场潜力巨大。

3.2.2 常规天然气开发方案经济评价的关键因素

常规天然气项目是目前最重要的项目,其经济评价的关键具有鲜明的特点,主要有两方面。一是技术评估方面,常规天然气开发利用的关键技术包括气田勘探、钻井、采气、处理、运输和储存等。这些技术的成熟度和适用性对天然气开发的经济效益具有重要影响。二是经济评估方面,对常规天然气进行经济评估,需要综合考虑投资、成本、收入和税收等因素。常规天然气一般不享受补贴政策,因此具体而言,有以下方面。

1. 天然气价格与市场需求

天然气价格是决定项目经济效益的关键因素之一。虽然国家价格政策的引导和地方政府的价格改革措施也会影响天然气上游项目的价格。例如,天然气价格改革推进上下游价格有望实现联动,因素变化会导致价格水平发生变化,整体会形成动态的价格机制。天然气价格的波动将直接影响项目的收入和利润,从而对项目的经济评价产生重大影响。一方面,总体上国内天然气价格仍是相对固定的;另一方面,国际天然气价格的上涨或下跌也会影响国内天然气上游的价格。

2. 资源条件与项目规模

常规天然气资源的储量、品质和开采条件将直接影响项目的生产成本和经济效益。如果资源条件较差,可能导致生产成本上升,从而影响项目的经济评价。项目规模的大小将直接影响项目的投资成本、运营成本以及经济效益。一般来说，项目规模越大，投资成本和运营成本越高，但也有可能获得更高的经济效益。四川盆地拥有丰富的常规天然气资源，是国内主要的含油气盆地之一，已发现天然气资源储量 7 万多亿立方米，约占全国天然气资源总量的 19%，主要分布在川南片区、川西北片区、川中片区、川东北片区。2020 年，四川盆地天然气产量约 565 亿立方米，较 2019 年增加 60 亿立方米，增幅占全国天然气增量的 52%。数据表明，四川盆地的天然气资源不仅储量丰富，而且产量也非常高，为四川乃至全国的能源供应提供了重要支撑。因此，以四川为例，常规天然气项目通常资源条件较好、项目规模较大，其对价格与市场需求的敏感程度也较高。

3. 技术管理水平与政策环境

项目的技术和管理水平将直接影响项目的生产效率和成本控制，从而对项目的经济效益产生影响。政府对天然气产业的政策和法规将直接影响项目的运营和发展。例如，政府对天然气价格的调控和环保的要求等都将对项目的经济效益产生影响。

四川盆地天然气工业的历史可以追溯到 2000 多年前，自 1958 年起，逐步建立起我国第一个天然气工业基地和上中下游一体化的天然气工业体系。川渝地区力争到 2025 年天然气（页岩气）产量达 630 亿立方米，到 2035 年建成中国第一个千亿级天然气生产基地。四川省发展和改革委员会、四川省能源局发布了关于加强天然气分布式能源项目管理的指导意见，强调天然气分布式能源项目应满足发电、供电要求，运行管理应满足有关技术、管理规定和规程规范要求。此外，四川还制定了省内天然气管道运输价格定价成本监审办法，加强省内天然气短距离管道运输价格管理。这些措施有助于提升天然气行业的规范化和管理水平。

3.3　致密气开发方案经济评价

3.3.1　致密气项目的投资特点

1. 致密气项目的投资概述

致密气是天然气的一种，储藏在岩石孔隙和裂缝中，开采难度较大。全球致密气资源丰富，分布广泛，主要集中在美国、中国、俄罗斯等国家。据 2013 年国家能源局发布的《可待"深挖"的清洁能源》，全球致密气资源量约为 150 万亿立方米，约占全球天然气总资源量的 30%。

致密气作为一种重要的天然气资源，其开发项目具有一系列独特的生产与投资特点。致密气的品质，包括其储量、压力、纯度等，对项目的生产和投资具有显著影响。高品质的资源能够降低生产成本、提高产量，从而增加项目的经济效益。然而，资源的品质不佳可能导致生产难度加大、成本增加，甚至影响项目的可行性。因此，在致密气开发项目中，资源品质的评估和选择至关重要。

致密气开发项目具有资源品质影响、生产技术要求高、投资规模大、地域性因素影响、环境和社会责任要求严格、政府政策和法规制约以及市场竞争激烈等特点。这些特点要求在决策过程中充分评估项目的资源条件、技术可行性、市场需求和竞争状况等方面，以确保项目的成功实施和经济效益的最大化。

2. 致密气项目的投资特点分析

致密气的开采和生产需要先进的生产技术作为支撑。由于致密气的储层致密、渗透率低，常规的生产技术可能不适用。因此，需要采用特殊的开采和增产技术，如水平钻井、水力压裂等。这些技术的运用可以提高单井产量、降低成本，但也对技术和设备提出了更高的要求。技术的选择和实施对于致密气开发项目的成功至关重要。致密气开发项目的投资规模通常较大，如勘探、钻井、完井、生产设施建设以及后期处理等方面的费用。由于致密气的开采难度较大，需要采用先进的设备和工艺，因此初始投资较高。此外，为了实现规模经济和降低成本，通常需要大规模投资来建设多个井位和配套设施。

致密气开发项目受到地域性因素的影响较大。不同地区的地质条件、环境因素和基础设施状况等存在差异，对项目的生产与投资产生影响。例如，一些地区的地质构造复杂、环境恶劣，可能增加项目的勘探和开采难度，同时需要更多的投资来应对相关挑战。因此，在选择项目地点时，应充分考虑地域性因素，并制定相应的应对策略。致密气开发项目需承担一定的环境和社会责任。项目在建设和运营过程中应遵守相关环保法规，采取必要的环保措施，降低对环境的影响。在项目规划和实施过程中，应充分考虑环境保护和社会责任的因素，以确保项目的可持续发展。

政府政策和法规对致密气开发项目的生产和投资具有重要影响。政府制定的能源政策、税收政策、环保政策等将直接影响项目的经济效益和市场前景。此外，政府对资源开发的监管要求也会增加项目的合规成本。应密切关注政府政策和法规的变化，与政府相关部门保持沟通，以便及时了解政策走向并做出相应调整。

3.3.2 致密气开发方案经济评价的关键因素

1. 综合评估资源储量

致密气是非常规天然气勘探开发的重要领域之一，我国致密气资源丰富，增储上产潜力大。四川盆地的致密气资源分布广泛，四川盆地合兴场气田新增的天然气探明地质储量达到 1330.12 亿立方米，标志着我国新增一个千亿立方米大气田。2023 年 11 月，四川盆地深层致密砂岩气藏勘探获得突破，一口井埋深近 4500 米，揭示了川北地区深层致密砂岩良好的勘探潜力，预示着千亿立方米级的气藏有望被成功开采。四川盆地在致密气勘探开发方面具有巨大潜力，不仅能够成功开采大体量的气藏，还能为国家能源安全提供重要保障。

2. 开发成本与运营成本分析

致密气开发需要采用先进的开采技术，包括水平钻井、水力压裂等。水平钻井能够增加钻孔与致密气层的接触面积，提高单井产量；水力压裂能够通过高压将水、砂等压入井孔，使岩石破裂，释放出更多的致密气。针对不同地质条件的致密气田，需要采用不同的开发方案。

致密气生产成本主要包括钻井、压裂、采气、处理和运输等费用。由于致密气开采难度较大，生产成本通常较高。此外，致密气田的产量递减速度快，需要不断投入资金进行钻井和压裂，导致生产成本不断上升。因此，降低生产成本是致密气开发的重要任务。

3. 全面开展内外部风险评估

全面评估项目可能面临的风险，包括地质风险、工程技术风险、市场风险、资金风险、环境风险、政策与法律风险等。通过风险评估，可以制定相应的风险应对策略，降低潜在损失。致密气市场受到国内外多种因素的影响，包括市场需求、价格、政策等。致密气投资回报受到多种因素的影响，包括开发方案的选择、生产成本的控制、市场需求的波动等。一般来说，投资致密气项目需要较长时间才能获得回报。但是，随着技术的进步和成本的降低，致密气的投资回报率将逐渐提高。

4. 宏观政策环境分析

致密气行业的发展受到政策支持和市场需求的影响。致密气补贴减免政策的落地将进一步提升开采热情，而市场供需形势也是评价的重要依据。2018 年，国家开始将致密气纳入补贴范围内，这一政策被延续到"十四五"时期。这表明，致密气作为非常规天然气之一，其开发和利用得到了国家层面的支持和补贴。参照页岩气的补贴标准，2016～2018 年的补贴标准为 0.3 元/立方米；2019～2020 年的补贴标准为 0.2 元/立方米。四川对于致密气的开发利用实施了一定的补贴和激励政策，以促进其发展。四川在致密气勘探开发方面取得了多项突破，如四川盆地深层致密砂岩气藏勘探获得突破，以及川西合兴场深层须家河组 9 口致密气井试获高产。2020 年，致密气利用量达到 409 亿立方米，年均增长 15%，政策实施效果显著。

3.4 页岩气开发方案经济评价

3.4.1 页岩气项目的投资特点

1. 页岩气项目的投资概述

页岩气作为一种相对清洁、高效的能源资源，具有低碳环保的特点，符合当前注重可持续发展的趋势。国内页岩气的开采成本已经大幅下降，实现了商业化开采，预示着未来产量增速能够保持高位。然而，中国页岩气的储存条件较差，开发周期长，工程作业费用高。这表明，尽管成本下降为商业化开采提供了可能，但高成本和长周期仍是页岩气开发的挑战。

页岩气项目的投资回报受到多种因素影响，包括油价、技术进步、成本控制等。国际石油公司对页岩气开采的长期回报周期和不稳定的投资回报率持保留态度。政府的税收优惠、财政补贴和价格市场化政策对降低页岩气开发风险起到了重要作用。同时，页岩气勘探开发面临的挑战也需要政府通过财政税收优惠政策等方式给予支持，以促进产业健康发展。页岩气产量的快速增长和预计的高增长速度显示出市场对此类能源的需求正在增加。

2. 页岩气项目的投资特点分析

页岩气项目投资具有高风险性、高投入性、长周期性、技术密集性、政策依赖性和环境敏感性等特点。这些特点使得页岩气项目投资需要谨慎评估风险、科学制定投资策略、加强技术研发和应用、关注政策法规变动以及注重环境保护和可持续发展等问题。

由于页岩气储藏在地下深处，勘探开发过程中存在很多不确定性，如地质条件、工程技术、市场需求等因素都可能影响项目的成功与否。因此，页岩气项目投资具有较高的风险性。页岩气勘探开发项目需要大量的资金投入，包括勘探费用、开发费用、设备购置费用、人力资源费用等。这些投入往往数以亿计，使得页岩气项目投资具有较高的门槛。页岩气勘探开发项目通常需要经历多年的勘探、开发和生产阶段，才能形成稳定的产能和收益。这使得页岩气项目投资具有较长的投资周期和回报周期。页岩气勘探开发涉及众多先进技术，如水平井钻井技术、压裂技术、完井技术等。这些技术的应用对于项目的成功至关重要，也使得页岩气项目投资具有较高的技术门槛。页岩气的勘探开发受到国家政策、法律法规等因素的制约。政府对页岩气产业的支持力度、政策法规的变动等都可能影响项目的进展和效益。页岩气勘探开发过程中可能对环境造成一定的影响，如水资源污染、地面塌陷等。这使得页岩气项目投资需要关注环境保护和可持续发展等问题。

3.4.2　页岩气开发方案经济评价的关键因素

1. 资源评估与价值计算

对页岩气资源的储量、品质和开采条件进行评估，确定资源的经济可采储量和价值。这涉及资源评价方法的选择、参数确定、价值计算等多个环节。准确的资源评估和价值计算对于评估项目的经济效益和投资价值具有重要意义。四川盆地作为中国第一大页岩气区，其页岩气资源的勘探开发具有重要的战略地位。自 2006 年起，我国在页岩储层地质综合评价、关键核心技术与装备体系研发方面取得了长足进步，四川盆地及周缘建成了多个国家级页岩气示范区。据 2022 年公布的四川省页岩气资源调查评价成果，四川页岩气资源量超过 40 万亿立方米，技术可采资源量约 9 万亿立方米，经济可采资源量约 5 万亿立方米，显示出巨大的资源潜力和开发价值。

2. 技术进步背景下的动态成本估算与分析

页岩气开发过程中的成本控制是经济评价的重要组成部分。通过对影响页岩气开发经济效益的成本因素进行分析，可以厘清成本的变动因素及变动规律，为经济评价提供参考依据。详细分析页岩气项目的成本结构，包括勘探、开发、生产、运营等各个环节的成本。同时，预测项目未来的收益情况，综合考虑市场需求、价格、产量等因素。通过成本与收益分析，可以评估项目的经济效益和投资回报率。页岩气的渗透率低，开采难度大，产量递减速度快，这要求在页岩气开发中采取有效的技术措施来提高采收率。关键技术及核心工艺水平的提升，如钻井周期的缩短、钻井成本的降低以及经济效益的提升，是提高页岩气经济效益的关键。

3. 市场外溢风险评估

页岩气市场的需求涉及全球和地区能源消费结构、经济增长率、政策环境等因素。准确预测市场需求和价格走势，对于评估页岩气项目的盈利能力和市场竞争力至关重要。页岩气开发的投资风险评估是确保投资效率的关键。页岩气项目面临多种风险，如地质风险、技术风险、市场风险、环境风险等。经济评价中需要对这些风险进行量化和定性分析，并制定相应的风险管理策略。通过风险评估与管理，可以降低潜在损失，提高项目的稳健性。必须分析和评估投资风险，同时进行相应的风险管理，以尽可能将风险降到最低。国际石油公司在页岩气领域的投资竞争日益激烈，这可能导致市场价格波动，增加企业的经营风险。

4. 政策支持与地方产业发展特色

财政补贴、投资控制、税收优惠等政策支持对页岩气开发项目的经济效益有显著影响。这些政策可以作为提高项目盈利能力的敏感性因素。经济评价中需要对相关政策和法规进行深入分析，了解其对项目的影响和要求。

四川已经开始采取一系列战略和对策。例如，通过推动页岩气勘探开发和就地转化应用，加快建设川渝绿色能源产业基地等项目；通过优化技术方法的产业应用，如裂缝可视化等，提高页岩气的采收率；内江全力打造"页岩气+"千亿产业集群，加快推进页岩气勘探开发、转化利用、园区建设等工作；泸州实现页岩气勘探开发和就地转化应用，加快建设川渝绿色能源产业基地等项目。四川页岩气产业的发展有助于推动省内经济社会发展，增加天然气资源的供应量，缓解天然气供需矛盾，优化能源结构，培育新的经济增长点，促进节能减排，缓解环境压力。

3.5 煤层气开发方案经济评价

3.5.1 煤层气项目的投资特点

1. 煤层气项目的投资概述

煤层气开发项目高度依赖于资源禀赋。项目的成功与否在很大程度上取决于煤层气的储量、品质和地理分布等因素。因此，在项目规划和实施过程中，必须充分评估资源基础，了解资源的可采储量和开采条件。煤层气开发项目的生产周期相对较长。从勘探、开发到生产阶段，往往需要数年的时间。这要求投资者具备长期的投资眼光和耐心，同时要应对市场环境的不确定性。在项目实施过程中，需根据生产周期合理规划资金投入和产出时间。煤层气开发项目对技术要求较高。煤层气的开采、处理和运输涉及一系列复杂的技术问题，包括勘探技术、钻井技术、增产技术等。技术的先进性和可靠性直接影响项目的生产效率和经济效益。

煤层气开发项目的投资规模通常较大。包括前期勘探、基础设施建设、设备购置以及生产运营等方面的费用。大规模投资意味着项目需要足够的资金支持，也承担着较高的风险。煤层气开发项目受政策影响较大。政府对能源行业的政策导向、税收政策、环保政策以及资源价格政策等都会对项目产生深远的影响。煤层气开发项目的环保要求也日益严格。项目需遵守相关环保法规，采取有效的环保措施，降低对环境的影响。煤层气开发项目的收益存在不确定性。受到多种因素的影响，如市场需求、价格波动、政策调整等，项目的经济效益难以预测。需谨慎评估风险和收益的平衡，制定合理的风险控制策略，以确保项目的经济可行性。

2. 煤层气项目的投资特点分析

煤层气开发项目具有资源依赖性、生产周期长、技术要求高、投资规模大、政策影响大、环保要求严格、市场竞争激烈以及收益不确定性等特点。这些特点要求在决策过程中充分评估项目的资源和市场条件、技术可行性和经济可行性等方面，以确保项目的成功实施和经济效益的最大化。

煤层气开发一般需要经历勘探、开采可行性研究、开采场地建设、投产经营等多个阶段，开发周期长，资金需求量大。例如，在一些国家，这一过程需要 10 年左右或更长时间，重要商业性的平均勘探投入就高达 2.57 亿美元。煤层气勘探开发要经过多个阶段，每个阶段的主要任务不同，导致各阶段的投资需求量、投资回收期、投资回报率以及投资风险也不同。这增加了投资的复杂性和挑战性。煤层气产业具有初期投资大、产出周期长、投资回收慢、煤层气产量低和生产成本高的特点。这使得煤层气项目在经济上无法与常规天然气、石油竞争，需要政府提供资金和政策支持。由于煤层气资源的不确定性和人们对其的未知性，存在较大的投资风险。然而，随着勘探工作的深入和人们认识的提高，这种投资风险会逐渐减小。虽然煤层气的开采难度较大，但随着科技的不断进步，开采技术也在不断完善。例如，水平井和水力压裂等技术的应用，使得煤层气的开采成本逐渐降低。此外，通过提高采收率和降低生产成本，煤层气项目的经济效益也在不断提升。中央财政对煤层气开发利用实施了补贴政策，补贴标准随时间有所调整。例如，"十三五"期间，煤层气（瓦斯）开采利用中央财政补贴标准从 0.2 元/立方米提高到 0.3 元/立方米。

3.5.2　煤层气开发方案经济评价的关键因素

1. 资源储量评估与市场分析

煤层气作为清洁能源，在我国的资源储量丰富。四川在煤层气勘探开发方面取得了显著进展。2017 年 11 月，四川南部的煤层气勘探开发取得了重大突破。《四川省"十三五"能源发展规划》中提到，到 2020 年，将新增煤层气探明地质储量 150 亿立方米，建设煤层气产能 3 亿立方米。此外，《四川省"十四五"能源发展规划》中也强调了加大煤层气勘探开发的力度，提出健全资源综合开发协调机制，提升煤层气产业化水平。虽然四川的煤层气资源富集，但是规模化开发还处于起步阶段。煤层气的市场价格及需求受到多种因素的影响，如能源需求结构、政策法规、国际市场等。在市场价格方面，天然气的价格相对稳定，而煤层气的价格则可能受到替代性的、季节性的供需关系等因素的影响。随着能源结构的调整和环保要求的提高，煤层气的市场需求将继续增加。在未来市场预测中，需要关注国内外市场需求的变化，并寻找新的发展机遇。例如，利用煤层气发电、生产化工原料等都是具有发展潜力的应用方向。

2. 开发成本与运营成本分析

煤层气的勘探开发成本主要包括钻井、压裂、排采等方面的费用，其勘探开发成本则因地质条件、储层深度等因素而异。由于煤层气储层较深，开发难度较大，因此其勘探开发成本相对较高。煤层气的生产运营成本主要包括采气、处理、运输等方面的费用。由于煤层气开采过程中需要处理大量的废水，因此其生产运营成本相对较高。此外，煤层气的开采过程中会对环境产生一定的影响，如水资源消耗、土壤污染等。因此，在技术经济分析中需要考虑环境保护成本与效益。

3. 技术进步与发展趋势预测

随着科技的进步，煤层气的开采技术也在不断发展和完善。在未来，技术的进步将有助于降低勘探开发成本、提高产量和降低环境污染。技术的发展也将推动煤层气行业的可持续发展。通过加强技术创新和资源协调开发机制，推进煤层气产业化发展，以期实现煤层气资源的有效利用和环境保护。四川煤层气勘探发展趋势，在技术创新、资源协调开发机制等方面进行了一系列努力。例如，开展低渗煤层气水平井增产措施等煤层气勘探开发技术攻关，组织开展煤层气开发利用的相关工作。这些措施有助于提高煤层气的开发利用效率和产业化水平。四川在煤层气勘探开发方面已经取得了一定的进展，尤其是在四川南部地区，煤层气地质调查取得了重大突破。虽然随着技术进步，煤层气的开采具有更好的环保效益，但也需要相应的环境保护措施来降低环境风险。

4. 综合效益评价与政策法规对经济性的影响

政策法规是影响煤层气经济性的重要因素之一。政府对能源结构的调整、环保政策的制定以及税收政策等都会对煤层气的经济性产生影响。例如，政府对煤层气的开发利用给予税收优惠和财政补贴等政策支持，可以降低其经济成本，提高市场竞争力。综合效益评价是技术经济分析的重要环节之一。在评价煤层气项目的综合效益时，需要综合考虑资源储量、勘探开发成本、生产运营成本、市场需求、环境保护成本与效益、政策法规影响等因素。通过综合效益评价，可以更好地了解煤层气的经济性和市场竞争力，为投资决策提供依据。

第 4 章

天然气资源经济评价的基准框架

4.1 天然气开发方案经济评价参数

4.1.1 天然气开发方案经济评价参数的概述

天然气开发方案经济评价参数分为基础参数、分年参数两大类。

基础参数通常在评价期内不发生变化，故以标量形式引入，包括基本参数表、产品折合天然气当量参数表、营业收入抵扣总成本比例表、商品率、利率表、流动资金、石油特别收益金征收比率表。

分年参数则在评价期内存在分年的变化，故以向量或矩阵的形式引入，包括收入类参数表、成本参数表、税率及税额参数表、建设期投资（不含增值税）、建设期投资（增值税抵扣额）、运营期投资（不含增值税）、运营期投资（增值税抵扣额）。

4.1.2 基础参数

气田开发技术方案基础参数表的编制标准如表 4.1 所示。

表 4.1 基础参数表的编制标准

类别	项目	单位
1.1 基本参数表	油气资产综合折耗年限	年
	弃置成本折耗年限	年
	无形资产摊销年限	年
	其他资产摊销年限	年
	未折现弃置成本占总投资比例	%
	油气资产净残值率	%
	营运期勘探投资资本化比例	%
	公积金率	%
	行业基准收益率	%
	增值税抵扣比例	%
	贷款方要求的借款偿还年数	年

续表

类别	项目	单位
1.1 基本参数表	美元兑人民币汇率	元
	吨桶换算系数	—
1.2 产品折合天然气当量参数表	换算系数：原油	—
	换算系数：凝析油	—
	换算系数：乙烷	—
	换算系数：液化石油气	—
	换算系数：液化天然气	—
	换算系数：稳定轻烃	—
	换算系数：其他产品	—
	折合天然气当量比例：原油	%
	折合天然气当量比例：凝析油	%
	折合天然气当量比例：乙烷	%
	折合天然气当量比例：液化石油气	%
	折合天然气当量比例：液化天然气	%
	折合天然气当量比例：稳定轻烃	%
	折合天然气当量比例：其他产品	%
1.3 营业收入抵扣总成本比例表	营业收入抵扣总成本比例：硫磺	%
	营业收入抵扣总成本比例：其他产品	%
1.4 商品率	原油	%
	天然气	%
	凝析油	%
	硫磺	%
	乙烷	%
	液化石油气	%
	液化天然气	%
	稳定轻烃	%
	氦气	%
	其他产品	%
1.5 利率表	建设投资中自有资金比例	%
	流动资金中自有资金比例	%
	建设投资借款利率	%
	流动资金借款利率	%

类别	项目	单位
1.6 流动资金	流动资金比例（扩大指标估算法）	%
1.7 石油特别收益金征收比率表	征收比率，原油价格区间 1：（65，70]（美元/桶）	%
	速算扣除数，原油价格区间 1：（65，70]（美元/桶）	美元/桶
	征收比率，原油价格区间 2：（70，75]（美元/桶）	%
	速算扣除数，原油价格区间 2：（70，75]（美元/桶）	美元/桶
	征收比率，原油价格区间 3：（75，80]（美元/桶）	%
	速算扣除数，原油价格区间 3：（75，80]（美元/桶）	美元/桶
	征收比率，原油价格区间 4：（80，85]（美元/桶）	%
	速算扣除数，原油价格区间 4：（80，85]（美元/桶）	美元/桶
	征收比率，原油价格区间 5：（85，$+\infty$]（美元/桶）	%
	速算扣除数，原油价格区间 5：（85，$+\infty$]（美元/桶）	美元/桶

4.1.3　分年参数

气田开发方案分年参数表的编制标准如表 4.2 所示。

表 4.2　分年参数表的编制标准

类别	项目	单位	第 1 年	第 2 年	第 N 年
2.1 收入类参数表	产量：原油	万吨			
	产量：凝析油	万吨			
	产量：硫磺	万吨			
	产量：乙烷	万吨			
	产量：液化石油气	万吨			
	产量：液化天然气	万吨			
	产量：稳定轻烃	万吨			
	产量：氦气	万方			
	产量：其他产品	待定			
	价格：原油	元/吨			
	价格：原油	美元/桶			
	价格：天然气	元/10^3 立方米			
	价格：凝析油	元/吨			
	价格：硫磺	元/吨			

续表

类别	项目	单位	第 1 年	第 2 年	第 N 年
2.1 收入类参数表	价格：乙烷	元/吨			
	价格：液化石油气	元/吨			
	价格：液化天然气	元/吨			
	价格：稳定轻烃	元/吨			
	价格：氦气	元/方			
	价格：其他产品	万吨			
	补贴：页岩气开发利用补贴	元/10^3 立方米			
	补贴：煤层气（瓦斯）开发利用补贴	元/10^3 立方米			
	补贴：致密气开采补贴	元/10^3 立方米			
	煤层气增值税先征后退比例	%			
2.2 成本参数表	采出作业费	元/10^3 立方米			
	直接材料费	元/10^3 立方米			
	直接燃料费	元/10^3 立方米			
	直接动力费	元/10^3 立方米			
	直接人员费用	元/10^3 立方米			
	驱油物注入费	元/10^3 立方米			
	稠油热采费	元/10^3 立方米			
	油气处理费	元/10^3 立方米			
	轻烃回收费	元/10^3 立方米			
	井下作业费	元/10^3 立方米			
	测井试井费	元/10^3 立方米			
	天然气净化费	元/10^3 立方米			
	维护及修理费	元/10^3 立方米			
	运输费	元/10^3 立方米			
	其他辅助作业费	元/10^3 立方米			
	厂矿管理费	元/10^3 立方米			
	其他管理费	元/10^3 立方米			
	营业费用占收入比例	%			
	操作成本中进项税所占比例	%			
	外购材料比例	%			
	外购燃料比例	%			
	现金比例	%			

类别	项目	单位	第1年	第2年	第N年
2.2 成本参数表	应付账款比例	%			
	原油、凝析油安全生产费用计提标准	元/吨			
	天然气、煤层气（地面开采）安全生产费用计提标准	元/10³立方米			
	租赁费	万元			
	租赁费增值税	万元			
2.3 税率及税额参数表	原油增值税税率	%			
	天然气增值税税率	%			
	凝析油增值税税率	%			
	硫磺增值税税率	%			
	乙烷增值税税率	%			
	液化石油气增值税税率	%			
	液化天然气增值税税率	%			
	稳定轻烃增值税税率	%			
	氦气增值税税率	%			
	其他产品增值税税率	%			
	成本进项增值税税率	%			
	城市维护建设税税率	%			
	教育费附加费率	%			
	原油、天然气资源税实际征收率	%			
	凝析油资源税	%			
	硫磺资源税	%			
	乙烷资源税	%			
	液化石油气资源税	%			
	液化天然气资源税	%			
	稳定轻烃资源税	%			
	氦气资源税	%			
	其他产品资源税	%			
	所得税税率	%			
	矿业权出让收益率	%			
	石油特别收益金起征点	美元/桶			
2.4 建设期投资（不含增值税）	利用探井、评价井投资	万元			
	勘探投资	万元			

续表

类别	项目	单位	第 1 年	第 2 年	第 N 年
2.4 建设期投资（不含增值税）	开发井投资	万元			
	地面工程投资	万元			
	地面工程投资：无形资产	万元			
	地面工程投资：其他资产	万元			
2.5 建设期投资（增值税抵扣额）	利用探井、评价井投资	万元			
	勘探投资	万元			
	开发井投资	万元			
	地面工程投资	万元			
	地面工程投资：无形资产	万元			
	地面工程投资：其他资产	万元			
2.6 运营期投资（不含增值税）	勘探投资	万元			
	开发井投资	万元			
	地面工程投资	万元			
2.7 运营期投资（增值税抵扣额）	勘探投资	万元			
	开发井投资	万元			
	地面工程投资	万元			

4.2 投资估算与融资方案分析

4.2.1 投资估算与融资概述

气田开发方案投资估算是在项目的地质与气藏工程方案、钻井工程方案、采气工程方案、地面工程方案（海洋工程方案）、健康安全与环境评价等进行研究并基本确定的基础上，对项目总投资数额及分年资金需要量进行的估算。投资估算是投资决策过程中确定融资方案、筹措资金的重要依据，也是进行财务分析的基础。

融资方案分析是在投资估算的基础上，结合项目实施组织和建设进度计划构建融资方案，进行资金来源、资金结构、融资成本和融资风险分析，作为融资后财务分析的基础。

投资估算与融资方案分析是天然气开发项目决策分析与评价的重要内容。

4.2.2 项目总投资估算

1. 项目总投资估算及其概述

天然气开发项目总投资是指项目在评价期所需要的全部投资，包括建设期投资和运营期投资。建设期投资包括建设投资、建设期利息和流动资金；建设期报批投资包括建设投资、建设期利息和铺底流动资金；运营期投资是指为了弥补产量递减而新钻产能接替井所发生的建设投资，其资金来源一般按项目或企业自有资金考虑。

（1）建设投资按工程内容可划分为开发井工程投资和地面工程投资两部分，煤层气项目还包括先期排采费用。建设投资估算应采用含增值税价格计算，并单独列出其中包含的增值税抵扣额。

开发井工程指从钻前工程至试油工程结束的全部工程，包括钻前工程、钻井工程、固井工程、录井工程、测井工程、试油（新井投产）工程等。投资估算包括从钻前准备至试油（新井投产）的全部工程项目投资以及相关的安全环保费用。

开发井工程投资由工程费用和工程建设其他费用项目组成。工程费用包括钻前工程费、钻井工程费、固井工程费、录井工程费、测井工程费、试油（新井投产）工程费。工程建设其他费用是指在工程项目投资中支付的工程费用以外的其他费用，包括设计费、监督费、建设单位管理费等。

地面工程是指从井口（采油树）以后到商品天然气外输为止的全部工程。地面工程投资由工程费用、工程建设其他费用和预备费用组成。工程费用包括设备购置费、安装工程费和建筑工程费，工程建设其他费用包括固定资产其他费用、无形资产费用和其他资产费用。预备费用包括基本预备费和价差预备费。

根据煤层气开发先期排水降压解吸的特殊性，排采期间发生的材料、动力、人员及水处理和环保等费用作为先期排采费计入建设投资，先期排采费以采气井数为基础按单井费用指标进行估算。

（2）在建设投资分年计划的基础上，根据融资方案，对采用债务融资的油气田开发项目应计算建设期利息。建设期利息是指筹措债务资金时在建设期内发生并按规定允许在投产后计入油气资产原值的利息，即资本化利息。建设期利息包括银行借款和其他债务资金在建设期内发生的利息以及其他融资费用。

（3）流动资金是指运营期内长期占用并周转使用的资金，等于流动资产与流动负债的差额，但不包括运营中临时性需要的营运资金。项目评价中，流动资产的构成要素通常包括存货、现金、应收账款和预付账款，流动负债的构成要素一般只考虑应付账款和预收账款，而预付账款和预收账款难以预测可不予考虑。流动资金的估算基础是经营成本，估算方法一般采用分项详细估算法。在预可行性研究阶段可采用扩大指标估算法，按运营期年经营成本的一定比例计算。按照《关于核定大中型基建项目总投资的通知》（计投资〔1992〕382号），流动资金中自有流动资金（铺底流动资金）的最低比例为30%。

2. 项目总投资估算表的编制标准

项目总投资估算表的编制标准如表4.3所示。

表 4.3　项目总投资估算表的编制标准　　　　　　　（单位：万元）

序号	项目或费用名称	估算金额	占总投资比例	备注
Ⅰ	建设期投资（1+2+3）			建设期
Ⅱ	建设期报批投资（1+2+4）			

续表

序号	项目或费用名称	估算金额	占总投资比例	备注
1	建设投资（1.1+1.2+1.3）			建设期
1.1	勘探投资			
1.2	开发井工程投资			
1.3	地面工程投资			
2	建设期利息			
3	流动资金			
4	铺底流动资金			
5	增值税抵扣额			
Ⅲ	运营期投资（1+2+3）			运营期
1	勘探投资			
2	开发井工程投资			
3	地面工程投资			
4	增值税抵扣额			
	项目总投资（Ⅰ+Ⅲ）			评价期
	报批总投资（Ⅱ+Ⅲ）			

3. 建设期与运营期投资相关指标算法释义

（1）建设期投资的构成包括：不含增值税的建设期投资、建设期投资的增值税抵扣额、含增值税建设期投资。

建设投资（建设期，不含增值税）的计算公式如下：

$$建设投资（建设期，不含增值税）$$
$$= 勘探投资（建设期，不含增值税）$$
$$+ 开发井工程投资（建设期，不含增值税）$$
$$+ 地面工程投资（建设期，不含增值税） \tag{4.1}$$

勘探投资资本化（建设期，不含增值税）的计算公式如下：

$$勘探投资资本化（建设期，不含增值税）$$
$$= 勘探投资（建设期，不含增值税）$$
$$× 运营期勘探投资资本化比例 \tag{4.2}$$

勘探投资费用化（建设期，不含增值税）的计算公式如下：

$$勘探投资费用化（建设期，不含增值税）$$
$$= 勘探投资（建设期，不含增值税）$$
$$- 勘探投资资本化（建设期，不含增值税） \tag{4.3}$$

建设投资（建设期，增值税抵扣额）的计算公式如下：

$$建设投资（建设期，增值税抵扣额）$$
$$= 勘探投资（建设期，增值税抵扣额）$$
$$+ 开发井工程投资（建设期，增值税抵扣额）$$
$$+ 地面工程投资（建设期，增值税抵扣额） \tag{4.4}$$

勘探投资资本化（建设期，增值税抵扣额）的计算公式如下：

$$勘探投资资本化（建设期，增值税抵扣额）$$
$$= 勘探投资（建设期，增值税抵扣额）$$
$$× 运营期勘探投资资本化比例 \tag{4.5}$$

勘探投资费用化（建设期，增值税抵扣额）的计算公式如下：

$$勘探投资费用化（建设期，增值税抵扣额）$$
$$= 勘探投资（建设期，增值税抵扣额）$$
$$- 勘探投资资本化（建设期，增值税抵扣额） \tag{4.6}$$

利用探井、评价井投资（建设期，含增值税）的算法解释如下：

利用探井、评价井投资（建设期，含增值税）＝如果利用探井、评价井投资（建设期，增值税抵扣额）大于零，则为利用探井、评价井投资（建设期，不含增值税）＋利用探井、评价井投资（建设期，增值税抵扣额）；反之，则为利用探井、评价井投资（建设期，不含增值税）。

勘探投资（建设期，含增值税）的算法解释如下：

勘探投资（建设期，含增值税）＝如果勘探投资（建设期，增值税抵扣额）大于零，则为勘探投资（建设期，不含增值税）＋勘探投资（建设期，增值税抵扣额）；反之，则为勘探投资（建设期，不含增值税）×（1＋增值税抵扣比例）。

勘探投资资本化（建设期，含增值税）的计算公式如下：

$$勘探投资资本化（建设期，含增值税）$$
$$= 勘探投资（建设期，含增值税）$$
$$× 运营期勘探投资资本化比例 \tag{4.7}$$

勘探投资费用化（建设期，含增值税）的计算公式如下：

$$勘探投资费用化（建设期，含增值税）$$
$$= 勘探投资（建设期，含增值税）$$
$$- 勘探投资资本化（建设期，含增值税） \tag{4.8}$$

开发井工程投资（建设期，含增值税）的算法解释如下：

开发井工程投资（建设期，含增值税）＝如果开发井工程投资（建设期，增值税抵扣额）大于零，则为开发井工程投资（建设期，不含增值税）＋开发井工程投资（建设期，增值税抵扣额）；反之，则为开发井工程投资（建设期，不含增值税）×（1＋增值税抵扣比例）。

地面工程投资（建设期，含增值税）的算法解释如下：

地面工程投资（建设期，含增值税）＝ 如果地面工程投资（建设期，增值税抵扣额）大于零，则为地面工程投资（建设期，不含增值税）＋ 地面工程投资（建设期，增值税抵扣额）；反之，则为地面工程投资（建设期，不含增值税）×（1＋ 增值税抵扣比例）。

建设投资（建设期，含增值税）的计算公式如下：

$$建设投资（建设期，含增值税）$$

$$＝ 勘探投资（建设期，含增值税）$$

$$＋ 开发井工程投资（建设期，含增值税）$$

$$＋ 地面工程投资（建设期，含增值税） \tag{4.9}$$

无形资产（地面工程投资）（建设期，含增值税）的算法解释如下：

无形资产（地面工程投资）（建设期，含增值税）＝ 如果无形资产（地面工程投资）（建设期，增值税抵扣额）大于零，则为无形资产（地面工程投资）（建设期，不含增值税）＋ 无形资产（地面工程投资）（建设期，增值税抵扣额）；反之，则为无形资产（地面工程投资）（建设期，不含增值税）×（1＋ 增值税抵扣比例）。

其他资产（建设期，含增值税）的算法解释如下：

其他资产（建设期，含增值税）＝ 如果其他资产（地面工程投资）（建设期，增值税抵扣额）大于零，则为其他资产（建设期，不含增值税）＋ 其他资产（地面工程投资）（建设期，增值税抵扣额）；反之，则为其他资产（建设期，不含增值税）×（1＋ 增值税抵扣比例）。

（2）运营期投资的构成包括：不含增值税的运营期投资、运营期投资的增值税抵扣额、含增值税运营投资。

勘探投资资本化（运营期，不含增值税）的计算公式如下：

$$勘探投资资本化（运营期，不含增值税）$$

$$＝ 勘探投资（运营期，不含增值税）$$

$$× 运营期勘探投资资本化比例 \tag{4.10}$$

勘探投资费用化（运营期，不含增值税）的计算公式如下：

$$勘探投资费用化（运营期，不含增值税）$$

$$＝ 勘探投资（运营期，不含增值税）$$

$$－ 勘探投资资本化（运营期，不含增值税） \tag{4.11}$$

运营期投资（运营期，不含增值税）的计算公式如下：

$$运营期投资（运营期，不含增值税）$$

$$＝ 勘探投资（运营期，不含增值税）$$

$$＋ 开发井工程投资（运营期，不含增值税）$$

$$＋ 地面工程投资（运营期，不含增值税） \tag{4.12}$$

运营期投资（运营期，增值税抵扣额）的计算公式如下：

$$运营期投资（运营期，增值税抵扣额）$$
$$= 勘探投资（运营期，增值税抵扣额）$$
$$+ 开发井工程投资（运营期，增值税抵扣额）$$
$$+ 地面工程投资（运营期，增值税抵扣额） \tag{4.13}$$

勘探投资资本化（运营期，增值税抵扣额）的计算公式如下：

$$勘探投资资本化（运营期，增值税抵扣额）$$
$$= 勘探投资（运营期，增值税抵扣额）$$
$$× 运营期勘探投资资本化比例 \tag{4.14}$$

勘探投资资本化（运营期，增值税抵扣额）的计算公式如下：

$$勘探投资资本化（运营期，增值税抵扣额）$$
$$= 勘探投资（运营期，增值税抵扣额）$$
$$× 运营期勘探投资资本化比例 \tag{4.15}$$

勘探投资费用化（运营期，增值税抵扣额）的计算公式如下：

$$勘探投资费用化（运营期，增值税抵扣额）$$
$$= 勘探投资（运营期，增值税抵扣额）$$
$$- 勘探投资资本化（运营期，增值税抵扣额） \tag{4.16}$$

勘探投资（运营期，含增值税）的算法解释如下：

勘探投资（运营期，含增值税）= 如果勘探投资（运营期，增值税抵扣额）大于零，则为勘探投资（运营期，不含增值税）+ 勘探投资（运营期，增值税抵扣额）；反之，则为勘探投资（运营期，不含增值税）×（1+ 增值税抵扣比例）。

勘探投资资本化（运营期，含增值税）的计算公式如下：

$$勘探投资资本化（运营期，含增值税）$$
$$= 勘探投资（运营期，含增值税）$$
$$× 运营期勘探投资资本化比例 \tag{4.17}$$

勘探投资资本化（运营期，含增值税）的计算公式如下：

$$勘探投资资本化（运营期，含增值税）$$
$$= 勘探投资（运营期，含增值税）$$
$$× 运营期勘探投资资本化比例 \tag{4.18}$$

开发井工程投资（运营期，含增值税）的算法解释如下：

开发井工程投资（运营期，含增值税）= 如果开发井工程投资（运营期，增值税抵扣额）大于零，则为开发井工程投资（运营期，不含增值税）+ 开发井工程投资（运营期，增值税抵扣额）；反之，则为开发井工程投资（运营期，不含增值税）×（1+ 增值税抵扣比例）。

地面工程投资（运营期，含增值税）的算法解释如下：

地面工程投资（运营期，含增值税）＝ 如果地面工程投资（运营期，增值税抵扣额）大于零，则为地面工程投资（运营期，不含增值税）＋ 地面工程投资（运营期，增值税抵扣额）；反之，则为地面工程投资（运营期，不含增值税）×（1＋ 增值税抵扣比例）。

运营期投资（运营期，含增值税）的计算公式如下：

$$运营期投资（运营期，含增值税）$$

$$＝勘探投资（运营期，含增值税）$$

$$＋开发井工程投资（运营期，含增值税）$$

$$＋地面工程投资（运营期，含增值税） \tag{4.19}$$

4. 项目总投资估算表的指标算法释义

Ⅰ建设期投资的计算公式如下：

$$Ⅰ建设期投资 ＝ 建设投资＋ 建设期利息 ＋ 流动资金 \tag{4.20}$$

Ⅱ建设期报批投资的计算公式如下：

$$Ⅱ建设期报批投资 ＝ 建设投资 ＋ 建设期利息 ＋ 铺底流动资金 \tag{4.21}$$

建设投资的计算公式如下：

$$建设投资 ＝ 勘探投资 ＋ 开发井工程投资 ＋ 地面工程投资 \tag{4.22}$$

勘探投资的算法解释如下：

$$勘探投资 ＝ 合计分年的勘探投资（建设期，含增值税）$$

开发井工程投资的算法解释如下：

$$开发井工程投资 ＝ 合计分年的开发井工程投资（建设期，含增值税）$$

地面工程投资的算法解释如下：

$$地面工程投资 ＝ 合计分年的地面工程投资（建设期，含增值税）$$

建设期利息的算法解释如下：

$$建设期利息 ＝ 合计分年的建设期利息$$

流动资金的算法解释如下：

$$流动资金 ＝ 合计分年的流动资金$$

铺底流动资金的算法解释如下：

$$铺底流动资金 ＝ 合计分年的铺底流动资金$$

增值税抵扣额的算法解释如下：

$$增值税抵扣额 ＝ 合计分年的增值税抵扣额（建设期）$$

Ⅲ运营期投资的算法解释如下：

$$Ⅲ运营期投资 ＝ 勘探投资 ＋ 开发井工程投资 ＋ 地面工程投资$$

勘探投资的算法解释如下：

$$勘探投资 = 合计分年的勘探投资（运营期，含增值税）$$

开发井工程投资的算法解释如下：

$$开发井工程投资 = 合计分年的开发井工程投资（运营期，含增值税）$$

地面工程投资的算法解释如下：

$$地面工程投资 = 合计分年的地面工程投资（运营期，含增值税）$$

增值税抵扣额的算法解释如下：

$$增值税抵扣额 = 合计分年的增值税抵扣额（运营期）$$

项目总投资（Ⅰ+Ⅲ）的计算公式如下：

$$项目总投资（Ⅰ+Ⅲ） = Ⅰ建设期投资 + Ⅲ运营期投资 \tag{4.23}$$

报批总投资（Ⅱ+Ⅲ）的计算公式如下：

$$报批总投资（Ⅱ+Ⅲ） = Ⅱ建设期报批投资 + Ⅲ运营期投资 \tag{4.24}$$

4.2.3　建设期利息估算

建设期利息应在开发井工程投资和地面工程投资估算的基础上统一计算。估算建设期利息，需要根据项目进度计划，提出建设投资分年计划，列出各年投资额。估算建设期利息，应按有效利率计算。计算建设期利息时，为了简化计算，通常假定借款平衡使用，借款当年按半年计息，其余各年份按全年计息，其计算公式如下。

1. 单利方式计算

采用自有资金付息时，按单利时的计算公式如下：

$$各年应计利息 =（年初借款本金累积 + 本年借款额/2）$$
$$×借款年利率 \tag{4.25}$$

2. 复利方式计算

按复利时的计算公式如下：

$$各年应计利息 =（年初借款本息累积 + 本年借款额/2）$$
$$×借款年利率 \tag{4.26}$$

对于多种借款资金来源、每笔借款的年利率各不相同的项目，既可以分别计算每笔借款的利息，也可以先计算出各笔借款加权平均的年利率，并以加权平均利率计算全部借款的利息。运营期利息支出，计入总成本费用中的财务费用。

4.2.4　流动资金估算

1. 项目流动资金概述

在天然气项目的实际运作中，流动资金作为维持项目运营的核心要素起着至关重要的作用。流动资金估算表是衡量项目运营效能和经济效益的关键工具。天然气项目流动资金估算表的主要构成部分至少包括以下方面。

（1）初级原料支出。初级原料支出反映的是为满足天然气生产所必需采购的各类原材料成本，如天然气原气及所需化学试剂等。此类费用的计算依据市场价格波动规律、原材料品种差异以及采购规模大小等因素综合决定。

（2）生产设备投资与租赁成本。生产设备投资与租赁成本涉及项目运行过程中购置或租赁用于天然气生产和处理设备所产生的经济负担。根据项目具体需求以及设备类型和规格的不同，此项费用存在显著差异。

（3）人力资源成本核算。人力资源成本涵盖为保障天然气项目正常运营需支付给员工的薪酬福利，包括基本工资、奖金以及各项福利待遇。其数额会随雇员人数、薪资标准以及企业福利政策的差异而有所变化。

（4）运维保养开支。运维保养开支是指为确保天然气项目设施设备保持良好运行状态所需的维护保养、检修替换等相关费用，如设备维修费、润滑材料费等。此部分开销会随着设备种类繁多、数量不等的情况而有所不同。

（5）物流运输成本分析。物流运输成本涉及天然气项目运营中，为实现原材料供应、产品输出以及废弃物处置等目的而发生的运输及仓储费用。该类成本的计算依赖于具体的运输方式选择和运输量规模。

（6）能源消耗预算。能源消耗预算主要指在天然气生产过程中产生的直接能源消耗，如天然气自身用量以及电力消耗等。此类成本会因生产规模的扩大或缩小以及能源价格的涨跌而呈现动态调整。

（7）财务融资成本考量。财务融资成本是指在天然气项目运营过程中，因获取外部资金支持而产生的利息支出以及其他相关金融费用。此类成本的高低受制于项目采取的具体融资方案及其相应的贷款利率水平。

（8）市场营销投入。市场营销投入涵盖为推广天然气产品、拓展市场空间以及强化品牌形象所实施的各项活动经费，包括市场开拓、品牌建设以及广告宣传等费用。这部分开支依市场需求状况及营销策略制定情况灵活调整。

（9）税费和其他杂项支出。税费和其他杂项支出是指按照国家税收政策和法律法规规定，天然气项目运营期间需要缴纳的税款。

流动资金是指运营期内长期占用并周转使用的资金，等于流动资产与流动负债的差额，但不包括运营中临时性需要的营运资金。项目评价中，流动资产的构成要素通常包括存货、现金、应收账款和预付账款，流动负债的构成要素一般只考虑应付账款和预收账款，而预付账款和预收账款难以预测可不予考虑。

流动资金的估算基础是经营成本，估算方法一般采用分项详细估算法。在预可行性研究阶段可采用扩大指标估算法，按运营期年经营成本的一定比例计算。分项详细估算法是对流动资产与流动负债的主要构成要素分项进行估算。流动资金的估算首先确定各分项最低周转天数，计算出周转次数，然后进行分项估算。各类流动资产和流动负债的最低周转天数参照同类企业的平均周转天数并结合项目特点确定，应充分考虑周转天数以及适当的保险系数。

2. 流动资金估算表的编制标准

流动资金估算表的编制标准如表 4.4 所示。

表 4.4　流动资金估算表的编制标准　　　　　（单位：万元）

序号	项目名称	最低周转天数	周转次数	计算期		
				第 1 年	第 2 年	第 N 年
1	流动资产					
1.1	应收账款					
1.2	存货					
1.2.1	外购材料					
1.2.2	外购燃料					
1.2.3	产成品					
1.3	现金					
2	流动负债					
	应付账款					
3	流动资金占用（1–2）					
4	流动资金当期增加额					

3. 流动资金估算表的指标算法释义

流动资产的计算公式如下：

$$流动资产 = 应收账款 + 存货 + 现金 \tag{4.27}$$

应收账款的计算公式如下：

$$应收账款 = 年经营成本 / 应收账款周转次数 \tag{4.28}$$

存货的计算公式如下：

$$存货 = 外购材料 + 外购燃料 + 产成品 \tag{4.29}$$

外购材料、燃料的计算公式如下：

$$外购材料、燃料 = 年操作成本$$
$$\times 比例 / 外购材料、燃料周转次数 \tag{4.30}$$

产成品的计算公式如下：

$$产成品 = （年经营成本 - 年营业费用） / 产成品周转次数 \tag{4.31}$$

现金的计算公式如下：

$$现金 = （年操作成本 + 其他管理费用 + 营业费用）$$
$$\times 比例 / 现金周转次数 \tag{4.32}$$

应付账款的计算公式如下：

$$应付账款 = （年操作成本 + 其他管理费用 + 营业费用）$$
$$\times 比例 / 应付账款周转次数 \tag{4.33}$$

流动资金占用的计算公式如下：

$$流动资金占用 = 流动资产 - 流动负债 \qquad (4.34)$$

流动资金当期增加额的计算公式如下：

$$流动资金当期增加额 = 本年流动资金 - 上年流动资金 \qquad (4.35)$$

流动资金一般应在项目投产前开始筹措。为简化计算，流动资金可在投产第一年开始安排，并根据不同的生产运营计划分年进行估算。油气开发投资项目在生产期产量及操作成本每年都在发生变化，导致所需流动资金每年也都随之变化。如果流动资金本年增加额大于零，在现金流量表中作为现金流出计入流动资金；如果流动资金本年增加额小于零，在现金流量表中作为现金流入计入当年回收流动资金，计算期末回收流动资金余额。

4.2.5 项目总投资使用计划与资金筹措

1. 总投资使用计划编制概述

在项目管理实践中，总投资使用规划与资金筹集机制构成了项目成功执行的核心环节。通过对项目总体投资进行宏观预算编制，深入探究资金供给渠道，构建适应实际需求的资金运用方案，审慎评估并实施融资策略，强化资金监管与调配功能，并采取严谨的风险防控措施，能够有力保障项目的经济合理性及顺利推进。以下将对这六大核心内容展开详尽剖析。

（1）总投资预算初拟。作为项目总投资使用规划与资金筹集的基石，总投资预算初拟阶段需基于项目的具体条件和要求，合理估算固定资产投资、运营资金和其他类型的投资额度。同时，在预估过程中应充分考量市场价格波动、技术瓶颈、工程量等潜在因素对总投资的影响，确保预算制定后的深度分析和评价工作能验证其经济合理性和可操作性。

（2）资金来源解析。资金来源解析旨在对项目所需资金的供给途径进行全面考察和评价。此阶段需探讨企业自有资金、银行信贷、政府投资、股权融资以及其他多元化的融资方式在实践中的可行性，并对比分析各类融资手段的利率水平、成本结构及伴随风险，以便选择最适合项目的融资渠道。此外，保证资金来源的稳定可靠是满足项目资金需求的关键所在。

（3）资金分配与使用规划。资金分配与使用规划的核心在于依据项目的进度安排与实际需要，科学地配置和调度资金资源。在规划过程中，必须紧密围绕项目的实际情况，设计出合理的预算分配方案，并重视资金的流动性管理，以确保资金及时到位和有效应用。在项目执行期间，应根据项目进展适时调整和完善资金使用计划，从而提升资金利用效率和整体经济效益。

（4）筹资策略综合评估。筹资策略综合评估是对不同筹资方式可行性的深度考察，包括对其利率、成本以及潜在风险的横向比较与分析。在此过程中，要结合项目的特性和需求，甄选出最优的筹资路径。同时，全面审视各种筹资方式的利率、成本和风险状况，精心设计出最佳筹资方案，并关注筹资渠道的稳定性与可靠性，为项目的资金供给提供坚实保障。

（5）资金监管与灵活调配。资金监管与调配工作旨在建立完善的资金监控体系，确保项目资金的合法合规使用及流向透明化。在项目实施中，要针对实际情况灵活有效地管理与调配资金，提高资金使用效能和项目收益水平。同时，密切关注市场动态和技术发展趋势，适时调整优化资金监管与调配策略，以应对可能的变局。

（6）风险识别与应对策略。风险识别与应对策略是对项目投资过程中可能出现的各种风险（如市场风险、技术风险、财务风险和法律风险等）进行系统评估、预防和控制的过程。在项目投资全周期内，应充分认识到各类风险对项目的潜在影响，并制定有效的风险管理措施以降低风险发生概率及其影响程度。与此同时，持续关注风险演变趋势，不断调整和优化风险管理策略，以最大限度地减少风险对项目的不利冲击。

总投资使用计划与资金筹措在项目管理流程中扮演着举足轻重的角色。通过系统地研究与管理总投资概算、资金来源分析、资金使用计划、筹资方案评估、资金监管与调配以及风险管理与应对等关键环节，可以有力支撑项目的顺利实施，并确保其经济上的稳健性和可持续发展性。在实际操作中，应遵循项目的实际情况和需求，灵活调整和优化各项策略，最终实现项目经济效益和社会效益的最大化。

2. 项目总投资与资金筹措的策略与关键问题

在项目管理研究中，对项目总投资使用规划和资金筹集策略的详尽分析与解读，对于确保项目的顺利推进和圆满竣工具有决定性意义。在分析、编制项目总投资使用计划与资金筹措表时，需要注重以下流程的分析。

（1）科学估计总投资规模。总投资规模是衡量项目所需总资本投入的重要指标，涵盖固定资产投资、运营资金需求以及其他各类投资成分。作为制定资金配置和融资策略的基础框架，总投资规模的准确估算至关重要。

（2）考虑多元化的资本来源。资本来源结构特指项目资金获取的多元化途径，具体可细分为以下几种途径。企业内源性筹资：通过内部积累或股东注资等方式获得的资金资源。银行信贷融资：借助金融机构贷款机制获取的资金支持。政府财政援助：政府直接或间接提供的项目资助与补贴。股权市场融资：通过发行股票或者引入战略投资者以实现资本融通。多元化金融工具：如债券发行、融资租赁等其他创新型融资方式。

（3）合理的资本分配与运用方案。资本分配与运用方案着重于项目总投资额的具体部署与实施安排，涉及以下几个关键领域。固定资产投资规划：针对设备购置、基础设施建设等方面的资金投放。流动资金管理：用以支付原材料采购、员工薪酬以及日常运营开销的资金流动。研发创新投入：为技术研发与产品创新所预留的资金份额。市场推广预算：用于产品营销推广及品牌建设活动的资金预算。其他杂项支出：涵盖培训教育、商务差旅等必要费用支出。

（4）开展融资策略与时间序列分析。融资策略与时间序列设计是指基于项目资金需求及其来源特性，精心策划并有序执行的筹资行动，主要包括以下内容。筹资模式选择：根据项目特点选取适宜的融资渠道，如银行借贷、股权融资等。时间节点与金额规划：结合项目进度和资金需求节奏，明确各阶段筹资的时间点与额度。利率成本比较分析：对不同融资手段的利率水平与综合成本进行深度对比，以求最优融资决策。还款计划与风险管理：预先设定严谨的还款日程，并确保债务清偿能力，有效防范财务风险。

（5）建立完善的风险识别与防控体系。风险识别与防控体系主要关注项目投融资过程中可能遭遇的风险因素，并采取相应预防措施，主要包括以下几类风险。市场环境变动风险：如市场需求变化、竞争态势加剧等因素可能导致的收益波动甚至损失。技术革新不确定性风险：技术难题未解、技术创新失败等引发的项目延期或成本增加风险。财务流动性风险：如融资困难、债务违约等造成的资金链紧张局面。法律法规政策风险：法律法规调整、知识产权纠纷等问题对项目带来的潜在负面影响。应对策略构建：依据风险评估结果，建立全方位的风险应对预案，包括风险分散、保险保障等措施。

（6）开展预期效益评估。预期效益评估旨在量化和预测项目完成后的多维度收益情况，主要包含以下几个方面。经济效益衡量：预计项目实施后为企业创造的利润回报和现金流增益。社会贡献度量：考量项目实施对社会带来的积极影响，如就业机会创造、税收贡献等公共利益。战略价值提升：探讨项目实施对企业发展战略地位和市场竞争优势的潜在促进作用。预期回报量化分析：通过对各项预期收益的精确计算和深度分析，验证项目的投资价值及其经济合理性。

3. 项目总投资使用计划与资金筹措表的编制标准

项目总投资使用计划与资金筹措表的编制标准如表4.5所示。

表 4.5 项目总投资使用计划与资金筹措表的编制标准 （单位：万元）

序号	项目名称	合计	计算期		
			第 1 年	第 2 年	第 N 年
1	项目总投资				
1.1	建设期投资				
1.1.1	建设投资				
1.1.2	建设期利息				
1.1.3	流动资金				
1.2	运营期投资				
2	项目资本金				
2.1	用于建设投资				
2.2	用于建设期利息				
2.3	用于流动资金				
3	债务资金				
3.1	用于建设投资				
3.2	用于建设期利息				
3.3	用于流动资金				

4. 项目总投资使用计划与资金筹措表的指标算法释义

项目总投资的计算公式如下：

$$项目总投资 = 建设期投资 + 运营期投资 \qquad (4.36)$$

建设期投资的计算公式如下：

$$建设期投资 = 建设投资 + 建设期利息 + 流动资金 \qquad (4.37)$$

建设投资的计算公式如下：

$$建设投资 = 建设投资（建设期，含增值税） \qquad (4.38)$$

建设期利息的计算公式如下：

$$建设期利息 = 当年借款利息 \qquad (4.39)$$

流动资金的算法解释如下：

流动资金 = 如果流动资金当期增加额 > 0，则为流动资金当期增加额；反之，则为零。

运营期投资的计算公式如下：

$$运营期投资 = 运营期投资（运营期，含增值税） \qquad (4.40)$$

项目资本金的计算公式如下：

$$
\begin{aligned}
项目资本金 = &\ 用于建设投资（项目资本金）\\
& + 用于建设期利息（项目资本金）\\
& + 用于流动资金（项目资本金）
\end{aligned} \qquad (4.41)
$$

用于建设投资（项目资本金）的计算公式如下：

$$
\begin{aligned}
&用于建设投资（项目资本金）\\
&= 建设投资\\
&\quad \times\ 建设投资中自有资金比例
\end{aligned} \qquad (4.42)
$$

用于流动资金（项目资本金）的计算公式如下：

$$用于流动资金（项目资本金）= 流动资金 \times 流动资金中自有资金比例 \qquad (4.43)$$

债务资金的计算公式如下：

$$
\begin{aligned}
债务资金 = &\ 用于建设投资（债务资金）\\
& + 用于建设期利息\\
& + 用于流动资金（债务资金）
\end{aligned} \qquad (4.44)
$$

用于建设投资（债务资金）的计算公式如下：

$$
\begin{aligned}
&用于建设投资（债务资金）\\
&= 建设投资 \times（1 - 建设投资中自有资金比例）
\end{aligned} \qquad (4.45)
$$

用于建设期利息的计算公式如下：

$$用于建设期利息 = 建设期利息 \qquad (4.46)$$

用于流动资金（债务资金）的计算公式如下：

$$用于流动资金（债务资金）$$
$$= 流动资金 × （1 - 流动资金中自有资金比例） \qquad (4.47)$$

4.3　财务效益与费用估算

4.3.1　概述

　　财务效益与费用估算是指在项目市场、资源、技术条件分析评价的基础上，从项目的角度出发，依据现行的法律法规、价格政策、税收政策和其他有关规定，对一系列有关的财务效益与费用数据进行调查、收集、整理和测算，并编制有关财务效益与费用估算表格的工作。

　　财务效益与费用估算是项目财务分析、不确定性分析和风险分析的基础和重要依据，其估算的准确性与可靠程度对项目财务分析影响极大。财务效益和费用估算应遵循"有无对比"的原则，正确识别和估算"有项目"和"无项目"状态的财务效益与费用。

4.3.2　项目计算期

　　项目财务效益和费用的估算涉及整个计算期的数据。天然气开发投资项目经济评价的计算期包括建设期和运营期。建设期应综合考虑项目的建设规模、建设性质、项目复杂程度、当地建设条件、管理水平与人员素质等因素，并依据项目进度计划中的建设工期合理确定，运营期应根据天然气开发产量递减的特点采用经济寿命期。

4.3.3　营业收入、税金及附加估算

1. 营业收入、税金及附加估算概述

　　在对项目进行财务评估时，对营业收入、税金及附加的预测扮演着核心角色。这不仅关系到项目的盈利潜力和经济可持续性，而且直接影响到投资者的回报和项目的长期发展。在进行营业收入、税金及附加估算方面的分析、预测时，需要考虑以下因素。

　　营业收入预测。营业收入是指天然气项目在正常运营期间，通过销售产品或提供服务所获得的收入。对于天然气项目而言，营业收入主要来源于天然气的销售。在预测营业收入时，需要考虑以下几个因素。天然气销售量：根据市场需求、项目生产能力以及竞争状况等因素来确定。天然气销售价格：受市场供需关系、产品质量、地理位置等因素影响，价格会有所波动。应结合市场调研和预测，合理确定销售价格。

　　营业收入预测的计算公式如下：

$$营业收入 = 天然气商品量 × 天然气销售价格（不含税） \qquad (4.48)$$

　　税金及附加预测。税金及附加是指与天然气项目运营相关的各种税费，包括增值税、

城市维护建设税、教育费附加、资源税、石油特别收益金、矿业权出让收益等。在预测时，需要考虑以下因素。税费种类和税率：根据国家相关税收政策和法律法规，确定项目的税费种类和税率。减免税政策：了解并合理利用相关税收优惠政策，降低项目的税负。递延税项：对于某些长期资产，其税费可能采取递延方式缴纳，需对其进行合理估计。

税金及附加预测的计算公式如下：

$$
\begin{aligned}
&税金及附加 \\
&= 城市维护建设税 \\
&\quad + 教育费附加 + 资源税 \\
&\quad + 石油特别收益金 + 矿业权出让收益
\end{aligned}
\tag{4.49}
$$

项目营业收入、税金及附加的预测涉及多个因素。通过综合考虑市场需求、定价策略、税收政策等因素，结合财务分析方法，可以更精确地评估项目的经济效益，为投资决策提供有力支持。同时，也要注意数据质量、不确定性因素的考虑以及动态更新等方面的问题。

2. 营业收入、税金及附加估算的编制标准

营业收入、税金及附加估算的编制标准如表4.6所示。

表 4.6 营业收入、税金及附加估算的编制标准 （单位：万元）

序号	项目名称	合计	计算期		
			第1年	第2年	第N年
1	营业收入				
1.1	原油营业收入				
1.1.1	原油商品量				
1.1.2	原油价格				
1.1.3	销项税				
1.2	天然气营业收入				
1.2.1	天然气商品量				
1.2.2	天然气价格				
1.2.3	销项税				
1.3	凝析油营业收入				
1.3.1	凝析油商品量				
1.3.2	凝析油价格				
1.3.3	销项税				
1.4	硫磺营业收入				
1.4.1	硫磺商品量				

续表

序号	项目名称	合计	计算期		
			第 1 年	第 2 年	第 N 年
1.4.2	硫磺价格				
1.4.3	销项税				
1.5	乙烷营业收入				
1.5.1	乙烷商品量				
1.5.2	乙烷价格				
1.5.3	销项税				
1.6	液化石油气营业收入				
1.6.1	液化石油气商品量				
1.6.2	液化石油气价格				
1.6.3	销项税				
1.7	液化天然气营业收入				
1.7.1	液化天然气商品量				
1.7.2	液化天然气价格				
1.7.3	销项税				
1.8	稳定轻烃营业收入				
1.8.1	稳定轻烃商品量				
1.8.2	稳定轻烃价格				
1.8.3	销项税				
1.9	氦气营业收入				
1.9.1	氦气商品量				
1.9.2	氦气价格				
1.9.3	销项税				
1.10	其他产品营业收入				
1.10.1	其他产品商品量				
1.10.2	其他产品价格				
1.10.3	销项税				
2	增值税				
2.1	销项税额				
2.2	成本进项税额				
2.3	增值税抵扣额				
2.4	待扣增值税抵扣额				

序号	项目名称	合计	计算期		
			第 1 年	第 2 年	第 N 年
3	税金及附加				
3.1	城市维护建设税				
3.2	教育费附加				
3.3	资源税				
3.4	石油特别收益金				
3.5	矿业权出让收益				

3. 营业收入、税金及附加估算的指标算法释义

营业收入主要来源于天然气及其他相关产品。在不同项目的经济评价中，有的项目只需要考虑天然气产量，但在另一些项目中，可能需要同时考虑多种产品。这些产品包括但不限于：原油、凝析油、硫磺、乙烷、液化石油气、液化天然气、稳定轻烃、氦气、其他产品（不包含概述产品）。

营业收入的计算公式如下：

$$营业收入 = 天然气营业收入$$
$$+ 原油营业收入 + 凝析油营业收入 + 硫磺营业收入$$
$$+ 乙烷营业收入 + 液化石油气营业收入$$
$$+ 液化天然气营业收入 + 稳定轻烃营业收入$$
$$+ 氦气营业收入 + 其他产品营业收入 \tag{4.50}$$

天然气营业收入的计算公式如下：

$$天然气营业收入 = 天然气商品量 \times 天然气价格 \tag{4.51}$$

天然气商品量的计算公式如下：

$$天然气商品量 = 天然气分年产量 \times 天然气的商品率 \tag{4.52}$$

原油等其他产品的营业收入与商品量的计算公式如下：

$$原油营业收入 = 原油商品量 \times 原油价格 \tag{4.53}$$

$$原油商品量 = 原油产量 \times 原油的商品率 \tag{4.54}$$

$$凝析油营业收入 = 凝析油商品量 \times 凝析油价格 \tag{4.55}$$

$$凝析油商品量 = 凝析油产量 \times 凝析油的商品率 \tag{4.56}$$

$$硫磺营业收入 = 硫磺商品量 \times 硫磺价格 \tag{4.57}$$

$$硫磺商品量 = 硫磺产量 \times 硫磺的商品率 \tag{4.58}$$

$$乙烷营业收入 = 乙烷商品量 \times 乙烷价格 \tag{4.59}$$

$$乙烷商品量 = 乙烷产量 \times 乙烷的商品率 \tag{4.60}$$

$$\begin{aligned}液化石油气营业收入 &= 液化石油气商品量 \\ &\times 液化石油气价格\end{aligned} \tag{4.61}$$

$$\begin{aligned}液化石油气商品量 &= 液化石油气产量 \\ &\times 液化石油气的商品率\end{aligned} \tag{4.62}$$

$$\begin{aligned}液化天然气营业收入 &= 液化天然气商品量 \\ &\times 液化天然气价格\end{aligned} \tag{4.63}$$

$$\begin{aligned}液化天然气商品量 &= 液化天然气产量 \\ &\times 液化天然气的商品率\end{aligned} \tag{4.64}$$

$$稳定轻烃营业收入 = 稳定轻烃商品量 \times 稳定轻烃价格 \tag{4.65}$$

$$稳定轻烃商品量 = 稳定轻烃产量 \times 稳定轻烃的商品率 \tag{4.66}$$

$$氦气营业收入 = 氦气商品量 \times 氦气价格 \tag{4.67}$$

$$氦气商品量 = 氦气产量 \times 氦气的商品率 \tag{4.68}$$

$$其他产品营业收入 = 其他产品商品量 \times 其他产品价格 \tag{4.69}$$

$$其他产品商品量 = 其他产品产量 \times 其他产品的商品率 \tag{4.70}$$

增值税的计算公式如下：

$$增值税 = 销项税额 - 进项税额 \tag{4.71}$$

进项税额包括建设投资中增值税抵扣额和成本进项税额。

销项税额的计算公式如下：

$$\begin{aligned}销项税额 &= 原油销项税 + 天然气销项税 + 凝析油销项税 + 硫磺销项税 \\ &+ 乙烷销项税 + 液化石油气销项税 \\ &+ 液化天然气销项税 + 稳定轻烃销项税 \\ &+ 氦气销项税 + 其他产品销项税\end{aligned} \tag{4.72}$$

天然气销项税的计算公式如下：

$$天然气销项税 = 天然气营业收入 \times 天然气增值税税率 \tag{4.73}$$

原油等其他产品销项税的计算公式如下：

$$原油销项税 = 原油营业收入 \times 原油增值税税率 \tag{4.74}$$

$$凝析油销项税 = 凝析油营业收入 \times 凝析油增值税税率 \tag{4.75}$$

$$硫磺销项税 = 硫磺营业收入 \times 硫磺增值税税率 \tag{4.76}$$

$$乙烷销项税 = 乙烷营业收入 \times 乙烷增值税税率 \tag{4.77}$$

$$\begin{aligned}液化石油气销项税 &= 液化石油气营业收入 \\ &\times 液化石油气增值税税率\end{aligned} \tag{4.78}$$

$$液化天然气销项税 = 液化天然气营业收入$$
$$\times \ 液化天然气增值税税率 \qquad (4.79)$$

$$稳定轻烃销项税 = 稳定轻烃营业收入 \ \times \ 稳定轻烃增值税税率 \qquad (4.80)$$

$$氦气销项税 = 氦气营业收入 \ \times \ 氦气增值税税率 \qquad (4.81)$$

$$其他产品销项税 = 其他产品营业收入 \ \times \ 其他产品增值税税率 \qquad (4.82)$$

成本进项税额的计算公式如下:

$$成本进项税额 = 操作成本 \ \times \ 操作成本中进项税所占比例$$
$$\times \ 成本进项税增值税税率 + 租赁费增值税 \qquad (4.83)$$

当年增值税抵扣额的计算公式如下:

$$增值税抵扣额 = 当年增值税抵扣额 \qquad (4.84)$$

计算增值税时,当年的销项税首先扣减成本进项税额,还有余额时再扣减建设投资中增值税抵扣额,当年不能抵扣完的可转入下一年继续抵扣,但注意当年的增值税不能为负数,运营期投资中所含增值税抵扣额在运营期当期予以抵扣,如抵扣不完,可顺延在下一年抵扣。

待扣增值税抵扣额的计算公式如下:

$$待扣增值税抵扣额 = 期初累计未抵扣增值税额 - 增值税抵扣额 \qquad (4.85)$$

税金及附加的计算公式如下:

$$税金及附加 = 城市维护建设税 + 教育费附加 + 资源税$$
$$+ 石油特别收益金 + 矿业权出让收益 \qquad (4.86)$$

城市维护建设税的计算公式如下:

$$城市维护建设税 = 增值税 \ \times \ 城市维护建设税税率 \qquad (4.87)$$

教育费附加的计算公式如下:

$$教育费附加 = 增值税 \ \times \ 教育费附加费率 \qquad (4.88)$$

资源税的计算公式如下:

$$资源税 = 原油营业收入 \ \times \ 实际征收率 + 天然气营业收入$$
$$\times \ 实际征收率 + 凝析油营业收入 \ \times \ 资源税率$$
$$+ 硫磺营业收入 \ \times \ 资源税率 + 乙烷营业收入$$
$$\times \ 资源税率 + 液化石油气营业收入$$
$$\times \ 资源税率 + 液化天然气营业收入$$
$$\times \ 资源税率 + 稳定轻烃营业收入 \ \times \ 资源税率$$
$$+ 氦气营业收入 \ \times \ 资源税率 + 其他产品营业收入$$
$$\times \ 资源税率 \qquad (4.89)$$

石油特别收益金的计算公式如下：

$$石油特别收益金 = （（原油价格 - 石油特别收益金起征点）$$
$$× 石油特别收益金征收比率 - 速算扣除数）$$
$$× 吨桶换算系数 × 美元兑人民币汇率$$
$$× 原油商品量 \tag{4.90}$$

矿业权出让收益的计算公式如下：

$$逐年征收的矿业权出让收益 = 年度矿产品销售收入$$
$$× 矿业权出让收益率 \tag{4.91}$$

根据财政部、自然资源部、税务总局《矿业权出让收益征收办法》（财综〔2023〕10 号），在中国领域及管辖海域勘查、开采矿产资源的矿业权人，应依照办法缴纳矿业权出让收益。

矿业权出让收益是国家基于自然资源所有权，依法向矿业权人收取的国有资源有偿使用收入。矿业权出让收益包括探矿权出让收益和采矿权出让收益。矿业权出让收益征收方式包括按矿业权出让收益率形式征收或按出让金额形式征收。在矿山开采时，按矿产品销售时的矿业权出让收益率逐年征收采矿权出让收益。

4.3.4　成本费用估算

4.3.4.1　油气操作成本估算

1. 油气操作成本概述

油气操作成本（也称作业成本）指在油气生产过程中操作和维持井及有关设备和设施发生的成本总支出，对应生产作业过程操作成本主要包括采出作业费、驱油物注入费、稠油热采费、油气处理费、轻烃回收费，井下作业费、测井试井费、天然气净化费、维护及修理费、运输费、其他辅助作业费和厂矿管理费等项目。具体项目应结合开采方式、经济评价范围等实际情况选取成本项目。

油气操作成本估算可采用相关因素法，即根据驱动各项操作成本变动的因素以及相应的费用定额估算操作成本。成本动因包括采油气井数、总生产井数、产液量、注水量、产油量等，费用定额的取定应参考同类区块或相似区块的操作成本数据并综合考虑开发区块的位置、开采方式、地面工艺流程、油藏物性和单井产量等因素。有条件的可采用设计成本法，即根据每项成本的预测消耗量和相应的价格进行估算。

油气操作成本是评估油气项目经济效益和制定投资决策的重要依据。在进行油气操作成本估算时，需要考虑以下几个方面。

（1）采出作业费指采油采气过程中，直接消耗于油气井、计量站、集输站、集输管线以及其他生产设施的各种材料、燃料、动力的费用，以及直接从事于生产的采油队、采气队、集输站等生产人员的工资及职工福利费。采出作业费可以生产井开井数为基础按单井费用指标计算。

（2）驱油物注入费指为提高采收率，对地层进行注水、注气或者注化学物等所发生的材料、动力、人员等费用。驱油物注入费可以注入物量为基础按单位注入量费用指标计算。对于外购的注入物，如化学物、CO_2等气体，在注入站消耗的材料、动力、人员等费用基础上，按照注入物的消耗量和单价计算注入物的材料费用。

（3）稠油热采费指采用蒸汽吞吐或其他热采方式开采稠油、高凝油所发生的材料、动力、人员等一切费用，包括造汽、注汽、保温等环节的各项费用，以注入蒸汽量为基础按每吨费用指标计算。

（4）油气处理费指在集中处理站中对原油进行脱水、脱气及含油污水脱油、回收过程中所发生的材料、动力、人员等一切费用，以处理液量为基础按每吨费用指标计算。

（5）轻烃回收费指从原油或天然气中回收凝析油和液化石油气过程中所发生的材料、动力、人员等一切费用。油田以原油产量为基础按每吨费用指标计算，气田以天然气产量为基础按每千立方米费用指标计算。

（6）井下作业费包含维护性井下作业费和增产措施井下作业费两部分。维护性井下作业是维持油气水井正常生产必须进行的作业，包括检泵、修井等；增产措施井下作业是为增加油气产量而进行的井下作业，包括压裂、酸化、排水采气等。井下作业费分为油气井井下作业费和注入井井下作业费，可以生产井开井数为基础按单井费用指标计算。

（7）测井试井费指油气生产过程中为掌握油气田地下油气水分布动态所发生的测井试井费用，分为油气井测井试井费和注入井测井试井费，可以生产井开井数为基础按单井费用指标计算。

（8）天然气净化费是指在天然气处理厂（净化厂）对天然气进行脱水、脱油、脱硫等过程中发生的材料、燃料、动力、人员等一切费用，以天然气产量为基础按每千立方米费用指标计算。

（9）维护及修理费指为了维持油气田地面系统的正常运行，对油气资产地面设施设备进行维护、修理所发生的费用；为保证安全生产修建小型防洪堤、防火墙、防风沙林等不属于资本化支出的费用；辅助设备和设施发生的修理费用。维护及修理费可按地面工程投资的一定比例计算。

（10）运输费指为油气生产提供运输服务的运输费，包括单井拉油运输费等。油气田生产一般性的运输费用，可以生产井开井数为基础按单井费用指标计算，单井拉油运输费应根据运输距离以产液量为基础按每吨费用指标计算。

（11）其他辅助作业费指上述费用以外的直接用于油气生产的其他辅助作业费用，以生产井开井数为基础按单井费用指标计算。

（12）厂矿管理费指油气生产单位包括采油（气）厂、矿两级生产管理部门为组织和管理生产所发生的管理性支出，以全部定员为基础按人员费用指标估算，也可以生产井开井数为基础按单井费用指标计算。

2. 油气操作成本估算表的编制标准

油气操作成本估算表的编制标准如表4.7所示。

表 4.7　油气操作成本估算表的编制标准　　　　（单位：万元）

序号	项目名称	合计	计算期		
			第 1 年	第 2 年	第 N 年
1	采出作业费				
1.1	直接材料费				
1.2	直接燃料费				
1.3	直接动力费				
1.4	直接人员费用				
2	驱油物注入费				
3	稠油热采费				
4	油气处理费				
5	轻烃回收费				
6	井下作业费				
7	测井试井费				
8	天然气净化费				
9	维护及修理费				
10	运输费				
11	其他辅助作业费				
12	厂矿管理费				
	操作成本合计				
	单位操作成本				

3. 油气操作成本估算表的指标算法释义

在实际业务中，一部分操作成本指标项通常需要考虑其是否属于变动成本。例如，驱油物注入费、稠油热采费、油气处理费、轻烃回收费、天然气净化费、运输费等。

操作成本的计算公式如下：

$$操作成本 = 采出作业费（直接材料费 + 直接燃料费 + 直接动力费$$
$$+ 直接人员费用）+ 驱油物注入费 + 稠油热采费 + 油气处理费$$
$$+ 轻烃回收费 + 井下作业费 + 测井试井费 + 天然气净化费$$
$$+ 维护及修理费 + 运输费 + 其他辅助作业费$$
$$+ 厂矿管理费 \tag{4.92}$$

单位操作成本的计算公式如下：

$$单位操作成本 = 操作成本 / 天然气商品量 \tag{4.93}$$

4.3.4.2 折耗与摊销计算

1. 项目折耗与摊销概述

在天然气项目中，折耗与摊销是评估项目经济效益和制定投资决策的重要考虑因素。通常需要考虑以下因素。

资产类别是指天然气项目中的不同资产类型，如管道、处理设施、压缩设备等。不同类别的资产具有不同的折耗和摊销特性，因此需要分别进行计算。

初始投资额是指为购置或建设某项资产所投入的资本。在天然气项目中，初始投资额通常包括设备的购置费、安装费等。

预计使用寿命是指某项资产从开始使用到报废或淘汰的时间长度。对于天然气项目中的资产，预计使用寿命的确定需考虑设备性能、使用频率和维护状况等因素。

预计残值率是指某项资产在使用寿命结束时的剩余价值。

在天然气项目中，折耗是为了补偿油气资产在生产过程中的价值损耗而提取的补偿费用。

2. 折耗与摊销计算表的编制标准

折耗与摊销计算表的编制标准如表 4.8 所示。

表 4.8　折耗与摊销计算表的编制标准　　　　　（单位：万元）

序号	项目名称	合计	计算期		
			第 1 年	第 2 年	第 N 年
1	油气资产折耗				
1.1	油气资产原值				
1.2	当期折耗				
1.3	油气资产净值				
2	弃置成本折耗				
2.1	弃置成本原值				
2.2	当期折耗				
2.3	弃置成本净值				
3	无形资产摊销				
3.1	无形资产原值				
3.2	当期摊销				
3.3	无形资产净值				
4	其他资产摊销				
4.1	其他资产原值				
4.2	当期摊销				
4.3	其他资产净值				

3. 折耗率及其算法

气田开发方案经济评价一般采用产量法计算油气资产的折耗。

采用产量法计算折耗的计算公式如下：

第 t 年折耗率 ＝ 第 t 年产量 / 上年年末剩余产量 × 100% （4.94）

第 t 年折耗额 ＝（第 t 年初油气资产净值 ＋ 第 t 年新增油气资产原值）

$\qquad\qquad$ × 第 t 年折耗率 （4.95）

对于同时开采出石油和天然气产品，折耗计算的基础应按估计的石油和天然气总当量单位来计算。对于油气开发项目中的土地费用统一按油气资产，采用产量法计算折耗。

在天然气项目中，摊销费包括无形资产摊销和其他资产摊销。无形资产从开始使用之日按照规定期限摊销，没有规定期限按十年分期摊销；其他资产自投产之日起，按照不短于五年的期限分期摊销。

4.3.4.3　总成本费用估算

1. 总成本费用估算概述

在天然气项目的规划和实施过程中，对总成本费用的估算至关重要。总成本费用估算表是评估项目经济效益和制定投资决策的重要依据。总成本费用指天然气开发投资项目在运营期内为天然气生产所发生的全部费用。财务分析中总成本费用由油气生产成本和期间费用组成，油气生产成本包括油气操作成本、折耗和租赁费；期间费用包括管理费用、财务费用、营业费用以及勘探费用。

（1）油气操作成本（也称作业成本）指在油气生产过程中操作和维持井及有关设备和设施发生的成本总支出，对应生产作业过程操作成本主要包括采出作业费、驱油物注入费、稠油热采费、油气处理费、轻烃回收费、井下作业费、测井试井费、天然气净化费、维护及修理费、运输费、其他辅助作业费和厂矿管理费等项目。具体项目应结合开采方式、经济评价范围等实际情况选取成本项目。

（2）折耗是为了补偿油气资产在生产过程中的价值损耗而提取的补偿费用。油气开发建设项目一般应采用产量法计算油气资产的折耗，特殊项目也可采用平均年限法计算油气资产的折耗。

（3）租赁费是指项目运行过程中用于租赁第三方服务所发生的费用。

（4）管理费用是指公司管理部门为组织和管理生产经营所发生的管理费用。为简化计算，管理费用分为摊销费、安全生产费用和其他管理费。

摊销费包括无形资产摊销和其他资产摊销。无形资产从开始使用之日按照规定期限摊销，没有规定期限按十年分期摊销；其他资产自投产之日起，按照不短于五年的期限分期摊销。

安全生产费用是按照国家和公司有关规定对在中国境内直接从事勘探生产、危险品生产和存储、交通运输的企业等均应提取的费用。油气勘探生产企业依据开采的油气产量提取安全生产费用。

其他管理费是指管理费用中除摊销费和安全生产费以外的部分。根据管理费用的构成和变动规律，其他管理费用以全部定员为基础进行估算。如果没有定员计划，其他管理费以总开井数为基础按单井费用指标计算。

（5）财务费用指项目筹集资金在运营期间所发生的费用，包括利息支出和其他财务费用。根据油气开发项目的特点，为简化计算，在评价中不计算其他财务费用。运营期间发生的利息支出，包括长期借款、流动资金借款、短期借款的利息净支出和弃置成本财务费用。

（6）营业费用是指企业销售商品过程中发生的费用，包括运输费、装卸费、包装费、保险费、展览费和广告费，以及为销售商品而专设的销售机构（含销售网点、售后服务网点等）的业务费、职工薪酬、折旧费、信息系统维护费等经营费用。为了简化计算，经济评价中将营业费用归为工资或薪酬、折旧费，修理费和其他营业费用几部分。其他营业费用是指由营业费用中扣除工资或薪酬、折旧费和修理费后的其余部分，经济评价中按营业收入的一定比例计算。

（7）勘探费用是指地质调查、地球物理物探费用与其他物化探和地震费用，未发现经济可采储量探井、评价井的费用，成功探井、评价井的无效井段费用，勘探费用列入当期损益。

在编制天然气项目总成本费用估算表时，需充分考虑上述各项费用的合理性和完整性，并根据项目的实际情况进行调整和完善。通过准确的成本估算，有助于项目团队和项目管理者更好地评估项目的经济效益和制定有效的投资决策，也有助于提高项目的竞争力和可持续发展能力。

2. 总成本费用估算表的编制标准

总成本费用估算表的编制标准如表 4.9 所示。

表 4.9 总成本费用估算表的编制标准 （单位：万元）

序号	项目名称	合计	计算期		
			第 1 年	第 2 年	第 N 年
1	油气生产成本				
1.1	操作成本				
1.2	折旧折耗				
1.2.1	油气资产折耗				
1.2.2	弃置成本折耗				
1.3	租赁费				
2	管理费用				
2.1	无形资产摊销				
2.2	其他资产摊销				
2.3	安全生产费用				
2.4	其他管理费用				
3	财务费用				

续表

序号	项目名称	合计	计算期		
			第1年	第2年	第N年
3.1	长期借款利息				
3.2	流动资金借款利息				
3.3	短期借款利息				
3.4	弃置成本财务费用				
4	营业费用				
5	勘探费用				
6	总成本费用（1+2+3+4+5）				
6.1	固定成本				
6.2	可变成本				
7	经营成本（1.1+2.3+2.4+4）				

3. 总成本费用估算表的指标算法释义

油气生产成本的计算公式如下：

$$油气生产成本 = 操作成本 + 折旧折耗 + 租赁费 \qquad (4.96)$$

操作成本的计算公式如下：

$$
\begin{aligned}
操作成本 = &采出作业费（直接材料费 + 直接燃料费 + 直接动力费 \\
&+ 直接人员费用）+ 驱油物注入费 + 稠油热采费 \\
&+ 油气处理费 + 轻烃回收费 + 井下作业费 + 测井试井费 \\
&+ 天然气净化费 + 维护及修理费 + 运输费 + 其他辅助作业费 \\
&+ 厂矿管理费 \qquad (4.97)
\end{aligned}
$$

折旧折耗的计算公式如下：

$$折旧折耗 = 油气资产折耗 + 弃置成本折耗 \qquad (4.98)$$

管理费用的计算公式如下：

$$
\begin{aligned}
管理费用 = &无形资产摊销 + 其他资产摊销 + 安全生产费用 \\
&+ 其他管理费用 \qquad (4.99)
\end{aligned}
$$

安全生产费用的计算公式如下：

$$
\begin{aligned}
安全生产费用 = &（原油产量 + 凝析油产量） \\
&\times 原油、凝析油计提标准 + 天然气分年产量 \\
&\times 天然气、煤层气（地面开采）计提标准 \qquad (4.100)
\end{aligned}
$$

其他管理费用的算法解释如下：

其他管理费用 = 如果其他管理费用是可变成本，则为天然气分年产量 × 天然气的商品率 × 其他管理费；反之，则为其他管理费

财务费用的算法解释如下：

财务费用（第1年）＝ 长期借款利息（第1年）＋ 流动资金借款利息（第1年）＋ 短期借款利息（第1年）＋ 弃置成本财务费用（第1年）

财务费用（第2年至评价期末年）＝ 长期借款利息（本年度）＋ 流动资金借款利息（本年度）＋ 短期借款利息（本年度）＋ 弃置成本财务费用（本年度）

长期借款利息的计算公式如下：

$$\text{长期借款利息} = \text{付息} \tag{4.101}$$

流动资金借款利息的计算公式如下：

流动资金借款利息 = 流动资金占用 × （1 − 流动资金中自有资金比例）

$$\times \text{流动资金借款利率} \tag{4.102}$$

短期借款利息的算法解释如下：

短期借款利息（第1年）＝ 付息（短期借款）（第1年）

短期借款利息（第2年至评价期末年）＝ 付息（短期借款）（本年度）

弃置成本财务费用的算法解释如下：

弃置成本财务费用（第1年）＝ 新增弃置成本原值（第1年）× 建设投资借款利率

弃置成本财务费用（第2年至评价期末年）＝ 弃置成本财务费用（上一年度）×（1＋建设投资借款利率 ＋ 新增弃置成本原值（本年度）× 建设投资借款利率）

营业费用的计算公式如下：

$$\text{营业费用} = \text{营业收入} \times \text{营业费用占收入比例} \tag{4.103}$$

勘探费用的计算公式如下：

勘探费用 = 勘探投资费用化（建设期，含增值税）

$$+ \text{勘探投资费用化（运营期，含增值税）} \tag{4.104}$$

总成本费用的计算公式如下：

总成本费用 = 油气生产成本 ＋ 管理费用 ＋ 财务费用

$$+ \text{营业费用} + \text{勘探费用} \tag{4.105}$$

固定成本的算法解释如下：

固定成本（第1年）＝ 总成本费用（第1年）－ 可变成本（第1年）

固定成本（第2年至评价期末年）＝ 总成本费用（本年度）－ 可变成本（本年度）

可变成本的算法解释如下：

可变成本 = 当下列指标为可变成本时则求和，包括直接材料费、直接燃料费、直接动力费、直接人员费用、驱油物注入费、稠油热采费、油气处理费、轻烃回收费、井下作业费、测井试井费、天然气净化费、维护及修理费、运输费、其他辅助作业费、厂矿

管理费、其他管理费用、安全生产费用、营业费用等。

经营成本的计算公式如下：

$$经营成本 = 操作成本 + 租赁费 + 安全生产费用$$
$$+ 其他管理费用 + 营业费用 \qquad (4.106)$$

4.3.4.4　完全成本

1. 完全成本概述

天然气开发投资项目的完全成本是评估项目经济效益和制定投资决策的重要依据。完全成本费用指天然气开发投资项目在运营期内为生产和销售天然气及伴生产品所发生的全部费用。完全成本费用由油气生产成本、期间费用、税金及附加组成。税金及附加主要包括增值税、城市维护建设税、教育费附加、资源税、石油特别收益金、矿业权出让收益等。

此外，一些关于企业外部的因素或项目的其他因素也需要考虑。

风险管理是为了应对项目运营过程中可能面临的风险和不确定性而设立的专项资金，包括市场风险、技术风险、政治风险等。风险管理费用用于应对风险事件发生后的紧急处置和损失补偿。风险管理的具体费用根据项目的风险评估和应对策略而有所不同。

资金成本是指项目融资所产生的利息支出和其他融资费用，包括长期借款利息、短期借款利息、债券利息等。资金成本的高低直接影响到项目的经济效益和财务状况。合理控制资金成本是降低项目完全成本的重要手段之一。

报废处置费用是指项目在达到使用寿命或因其他原因无法继续使用时，对资产进行处置的费用，包括设备拆卸、废弃物处理、场地清理等费用。报废处置费用根据设备的类型、数量和处理方式而有所不同。合理规划报废处置计划，可降低项目的完全成本。

天然气项目的完全成本涵盖从原料采购到最终报废处置的整个生命周期内的所有费用。在制定项目投资决策时，需充分考虑各项成本的合理性和完整性，以提高项目的经济效益和可持续发展能力。

2. 完全成本表的编制标准

完全成本表的编制标准如表 4.10 所示。

表 4.10　完全成本表的编制标准

序号	项目名称	单位	指标	备注
1	总成本费用	万元		
1.1	油气生产成本	万元		
1.1.1	操作成本	万元		
1.1.2	折旧折耗	万元		
1.1.3	租赁费	万元		

续表

序号	项目名称	单位	指标	备注
1.2	管理费用	万元		
1.3	财务费用	万元		
1.4	营业费用	万元		
1.5	勘探费用	万元		
2	税金及附加	万元		
3	完全成本（1+2）	万元		
4	抵扣后完全成本	万元		抵扣附加产品营业收入
5	原油商品量	万吨		
6	原油折合天然气当量	亿立方米		
7	天然气商品量	亿立方米		
8	附加产品折合天然气当量	亿立方米		
8.1	凝析油	亿立方米		
8.2	乙烷	亿立方米		
8.3	液化石油气	亿立方米		
8.4	液化天然气	亿立方米		
8.5	稳定轻烃	亿立方米		
8.6	其他产品	亿立方米		
9	单位完全成本	元/10^3 立方米		

3. 完全成本表的指标算法释义

总成本费用的计算公式如下：

$$总成本费用 = 油气生产成本 + 管理费用 + 财务费用$$
$$+ 营业费用 + 勘探费用 \tag{4.107}$$

在分析和编制完全成本时，上述指标通常需要进行合计分年的预先计算。相关的算法解释如下：

$$油气生产成本 = 合计分年的油气生产成本$$
$$管理费用 = 合计分年的管理费用$$
$$财务费用 = 合计分年的财务费用$$
$$营业费用 = 合计分年的营业费用$$
$$勘探费用 = 合计分年的勘探费用$$

税金及附加的算法解释如下：

$$税金及附加 = 合计分年的税金及附加$$

完全成本的计算公式如下：

$$完全成本 = 总成本费用 + 税金及附加 \qquad (4.108)$$

抵扣后完全成本的算法解释如下：

抵扣后完全成本 = 完全成本 −（合计分年的硫磺营业收入 × 营业收入抵扣总成本比例 + 合计分年的其他产品营业收入 × 营业收入抵扣总成本比例）

天然气商品量的算法解释如下：

$$天然气商品量 = 合计分年的天然气商品量$$

对于天然气项目而言，其他产品通常需要折算天然气当量，并调整相应的量纲。

原油商品量的算法解释如下：

$$原油商品量 = 合计分年的原油商品量（万吨）$$

原油折合天然气当量的算法解释如下：

原油折合天然气当量 = 合计分年的原油商品量 × 原油折合天然气当量（比例）× 原油折合天然气当量（换算系数）

附加产品折合天然气当量的计算公式如下：

$$
\begin{aligned}
附加产品折合天然气当量 = {} & 凝析油折合天然气当量 \\
& + 乙烷折合天然气当量 \\
& + 液化石油气折合天然气当量 \\
& + 液化天然气折合天然气当量 \\
& + 稳定轻烃折合天然气当量 \\
& + 其他产品折合天然气当量 \qquad (4.109)
\end{aligned}
$$

凝析油折合天然气当量的算法解释如下：

凝析油折合天然气当量 = 合计分年的凝析油商品量（万吨）× 凝析油折合天然气当量（比例）× 凝析油折合天然气当量（换算系数）

乙烷折合天然气当量的算法解释如下：

乙烷折合天然气当量 = 合计分年的乙烷商品量 × 乙烷折合天然气当量（比例）× 乙烷折合天然气当量（换算系数）

液化石油气折合天然气当量的算法解释如下：

液化石油气折合天然气当量 = 合计分年的液化石油气商品量 × 液化石油气折合天然气当量（比例）× 液化石油气折合天然气当量（换算系数）

液化天然气折合天然气当量的算法解释如下：

液化天然气折合天然气当量 = 合计分年的液化天然气商品量 × 液化天然气折合天然气当量（比例）× 液化天然气折合天然气当量（换算系数）

稳定轻烃折合天然气当量的算法解释如下：

稳定轻烃折合天然气当量 = 合计分年的稳定轻烃商品量 × 稳定轻烃折合天然气当量（比例）× 稳定轻烃折合天然气当量（换算系数）

其他产品折合天然气当量的算法解释如下：

其他产品折合天然气当量 = 合计分年的其他产品商品量 × 其他产品折合天然气当量（比例） × 硫磺折合天然气当量（换算系数）

单位完全成本的算法解释如下：

单位完全成本 = 抵扣后完全成本 / 合计分年的（原油折合天然气当量 + 天然气商品量 + 附加产品折合天然气当量）

4.3.5 利润与利润分配估算

1. 利润与利润分配概述

利润是指项目在评价期内的经营成果。利润分配是将项目实现的净利润，按照国家有关法律和会计制度的规定进行分配。利润与利润分配表主要反映项目计算期内各年的营业收入、总成本费用、利润总额以及所得税后利润的分配情况，用于计算投资收益率、资本金利润率等指标。

2. 利润与利润分配表的编制标准

利润与利润分配表的编制标准如表 4.11 所示。

表 4.11　利润与利润分配表的编制标准　　　　　（单位：万元）

序号	项目名称	合计	计算期		
			第 1 年	第 2 年	第 N 年
1	营业收入				
2	税金及附加				
3	总成本费用				
4	补贴收入				
4.1	征收所得税补贴				
4.2	不征收所得税补贴				
5	利润总额（1-2-3+4）				
6	弥补以前年度亏损				
7	应纳税所得额（5-6-4.2）				
8	所得税				
9	净利润（5-8）				
10	期初未分配利润				
11	可供分配的利润（9+10）				
12	提取法定盈余公积金				
13	投资者分配利润				

续表

序号	项目名称	合计	计算期		
			第 1 年	第 2 年	第 N 年
14	未分配利润（11–12–13）				
15	息税前利润				
16	调整所得税				
17	息前税后利润（15–16）				
18	息税折耗摊销前利润				

3. 利润与利润分配表的指标算法释义

营业收入的计算公式如下：

$$营业收入 = 原油营业收入 + 天然气营业收入 + 凝析油营业收入$$
$$+ 硫磺营业收入 + 乙烷营业收入$$
$$+ 液化石油气营业收入$$
$$+ 液化天然气营业收入 + 稳定轻烃营业收入$$
$$+ 氦气营业收入 + 其他产品营业收入 \tag{4.110}$$

税金及附加的计算公式如下：

$$税金及附加 = 城市维护建设税 + 教育费附加 + 资源税$$
$$+ 石油特别收益金 + 矿业权出让收益 \tag{4.111}$$

总成本费用的算法解释如下：

总成本费用（第 1 年） = 折旧折耗（第 1 年）+ 无形资产摊销（第 1 年）+ 其他资产摊销（第 1 年）+ 财务费用（第 1 年）+ 勘探费用（第 1 年）+ 经营成本（第 1 年）

总成本费用（第 2 年至评价期末年） = 折旧折耗（本年度）+ 无形资产摊销（本年度）+ 其他资产摊销（本年度）+ 财务费用（本年度）+ 勘探费用（本年度）+ 经营成本（本年度）

补贴收入的计算公式如下：

$$补贴收入 = 征收所得税补贴 + 不征收所得税补贴 \tag{4.112}$$

页岩气补贴收入的算法解释如下：

页岩气补贴收入 = 如果页岩气开发利用补贴需要录入公式，则为页岩气开发利用补贴 × 页岩气商品量；反之，则为页岩气实际开发利用补贴

煤层气（瓦斯）补贴收入的算法解释如下：

煤层气（瓦斯）补贴收入 = 如果煤层气（瓦斯）开发利用补贴需要录入公式，则为煤层气（瓦斯）开发利用补贴 × 煤层气（瓦斯）商品量；反之，则为煤层气（瓦斯）实际开发利用补贴

致密气补贴收入的算法解释如下：

致密气补贴收入 = 如果致密气开采补贴需要录入公式，则为致密气开采补贴 × 致密气商品量；反之，则为致密气实际开发利用补贴

征收所得税补贴的算法解释如下：

征收所得税补贴 = 如果页岩气补贴收入征收所得税，则增加页岩气补贴收入；如果煤层气（瓦斯）补贴收入征收所得税，则增加煤层气（瓦斯）补贴收入；如果致密气补贴收入征收所得税，则增加致密气补贴收入；如果存在增值税返还征收所得税，则增加增值税返还

不征收所得税补贴的算法解释如下：

不征收所得税补贴 = 如果页岩气补贴收入不征收所得税，则增加页岩气补贴收入；如果煤层气（瓦斯）补贴收入不征收所得税，则增加煤层气（瓦斯）补贴收入；如果致密气补贴收入不征收所得税，则增加致密气补贴收入；如果不存在增值税返还征收所得税，则增加增值税返还

利润总额的算法解释如下：

利润总额（第 1 年）= 营业收入（第 1 年）− 税金及附加（第 1 年）− 总成本费用（第 1 年）+ 补贴收入（第 1 年）

利润总额（第 2 年至评价期末年）= 营业收入（本年度）− 税金及附加（本年度）− 总成本费用（本年度）+ 补贴收入（本年度）

当年亏损的算法解释如下：

当年亏损（第 1 年）= 如果利润总额（第 1 年）< 0，则为利润总额（第 1 年）；反之，则为零

当年亏损（第 2 年至评价期末年）= 如果利润总额（本年度）< 0，则为利润总额（本年度）；反之，则为零

累计未弥补亏损的算法解释如下：

累计未弥补亏损（第 1 年）= 当年亏损（第 1 年）+ 弥补以前年度亏损（第 1 年）

累计未弥补亏损（第 2 年至评价期末年）= 当年亏损（本年度）+ 累计未弥补亏损（上一年度）+ 弥补以前年度亏损（本年度）

弥补以前年度亏损的算法解释如下：

弥补以前年度亏损（第 1 年）= 0

弥补以前年度亏损（第 2 年至评价期末年）= 如果利润总额（本年度）> 0，则为 min（− 累计未弥补亏损（上一年度），利润总额（本年度））；反之，则为零

应纳税所得额的算法解释如下：

应纳税所得额（第 1 年）= 如果（利润总额（第 1 年）− 弥补以前年度亏损（第 1 年）− 不征收所得税补贴（第 1 年）> 0），则为（利润总额（第 1 年）− 弥补以前年度亏损（第 1 年）− 不征收所得税补贴（第 1 年））；反之，则为零

应纳税所得额（第 2 年至评价期末年）= 如果（利润总额（本年度）− 弥补以前年度亏损（本年度）− 不征收所得税补贴（本年度）> 0），则为（利润总额（本年度）− 弥补以前年度亏损（本年度）− 不征收所得税补贴（本年度）），反之，则为零

所得税的算法解释如下：

所得税（第 1 年） = 应纳税所得额（第 1 年） × 所得税税率（第 1 年）

所得税（第 2 年至评价期末年） = 应纳税所得额（本年度） × 所得税税率（本年度）

净利润的算法解释如下：

净利润（第 1 年） = 利润总额（第 1 年） – 所得税（第 1 年）

净利润（第 2 年至评价期末年） = 利润总额（本年度） – 所得税（本年度）

期初未分配利润的算法解释如下：

期初未分配利润（第 1 年） = 0

期初未分配利润（第 2 年至评价期末年） = 未分配利润（上一年度）

可供分配的利润的算法解释如下：

可供分配的利润（第 1 年） = 净利润（第 1 年） + 期初未分配利润（第 1 年）

可供分配的利润（第 2 年至评价期末年） = 净利润（本年度） + 期初未分配利润（本年度）

提取法定盈余公积金的算法解释如下：

提取法定盈余公积金（第 1 年） = 如果净利润（第 1 年） > 0，则为净利润（第 1 年） × 公积金率；反之，则为零

提取法定盈余公积金（第 2 年至评价期末年） = 如果净利润（本年度） > 0，则为净利润（本年度） × 公积金率；反之，则为零

投资者分配利润的算法解释如下：

投资者分配利润（第 1 年） = 如果可供分配的利润（第 1 年） > 0，则为（可供分配的利润（第 1 年） – 提取法定盈余公积金（第 1 年））；反之，则为零

投资者分配利润（第 2 年至评价期末年） = 如果可供分配的利润（本年度） > 0，则为（可供分配的利润（本年度） – 提取法定盈余公积金（本年度））；反之，则为零

未分配利润的算法解释如下：

未分配利润（第 1 年） = 可供分配的利润（第 1 年） – 提取法定盈余公积金（第 1 年） – 投资者分配利润（第 1 年）

未分配利润（第 2 年至评价期末年） = 可供分配的利润（本年度） – 提取法定盈余公积金（本年度） – 投资者分配利润（本年度）

息税前利润的算法解释如下：

息税前利润（第 1 年） = 利润总额（第 1 年） + 财务费用（第 1 年）

息税前利润（第 2 年至评价期末年） = 利润总额（本年度） + 财务费用（本年度）

当年亏损的算法解释如下：

当年亏损（第 1 年） = 如果息税前利润（第 1 年） < 0，则为息税前利润（第 1 年）；反之，则为零

当年亏损（第 2 年至评价期末年） = 如果息税前利润（本年度） < 0，则为息税前利润（本年度）；反之，则为零

累计未弥补亏损的算法解释如下：

累计未弥补亏损（第1年）＝当年亏损（第1年）＋弥补以前年度亏损（第1年）

累计未弥补亏损（第2年至评价期末年）＝当年亏损（本年度）＋累计未弥补亏损（上一年度）＋弥补以前年度亏损（本年度）

弥补以前年度亏损的算法解释如下：

弥补以前年度亏损（第1年）＝0

弥补以前年度亏损（第2年至评价期末年）＝如果息税前利润（本年度）＞0，则为 min（－累计未弥补亏损（上一年度），息税前利润（本年度））；反之，则为零

应纳税所得额的算法解释如下：

应纳税所得额（第1年）＝如果（息税前利润（第1年）－弥补以前年度亏损（第1年）－不征收所得税补贴（第1年）＞0），则为（息税前利润（第1年）－弥补以前年度亏损（第1年）－不征收所得税补贴（第1年））；反之，则为零

应纳税所得额（第2年至评价期末年）＝如果（息税前利润（本年度）－弥补以前年度亏损（本年度）－不征收所得税补贴（本年度）＞0），则为（息税前利润（本年度）－弥补以前年度亏损（本年度）－不征收所得税补贴（本年度）），反之，则为零

调整所得税的算法解释如下：

调整所得税（第1年）＝应纳税所得额（第1年）×所得税税率（第1年）

调整所得税（第2年至评价期末年）＝应纳税所得额（本年度）×所得税税率（本年度）

息前税后利润的算法解释如下：

息前税后利润（第1年）＝息税前利润（第1年）－调整所得税（第1年）

息前税后利润（第2年至评价期末年）＝息税前利润（本年度）－调整所得税（本年度）

息税折耗摊销前利润的算法解释如下：

息税折耗摊销前利润（第1年）＝息税前利润（第1年）＋折旧折耗（第1年）＋无形资产摊销（第1年）＋其他资产摊销（第1年）

息税折耗摊销前利润（第2年至评价期末年）＝息税前利润（本年度）＋折旧折耗（本年度）＋无形资产摊销（本年度）＋其他资产摊销（本年度）

4.3.6　借款还本付息计划

1. 借款还本付息概述

借款还本付息计划表是天然气项目筹资过程中的重要文件，用于规划项目的借款、还款和付息安排。通常需要考虑以下因素：①借款金额。借款金额是指项目所需的总资金，通过向金融机构或投资者借款来筹集。借款金额的大小取决于项目的规模和投资需求。②贷款期限。贷款期限是指借款期限和还款期限的总和。借款期限是指从签订贷款合同到实际取得贷款的时间；还款期限是指从贷款发放之日起到最后一期还款的时间。③利率类型。利率类型是指贷款利率的计算方式，包括固定利率和浮动利率。固定利率

是指在整个贷款期限内，利率保持不变；浮动利率则是指利率会根据市场条件的变化而调整。④利率水平。利率水平是指具体的贷款利率数值，通常以百分比表示。利率水平的高低直接影响到项目的财务成本和盈利状况。⑤还款方式。还款方式是指借款人按照约定的时间和方式偿还本金和利息的方式。常见的还款方式包括等额本息还款法和等额本金还款法等。还款方式的选择会影响到项目的现金流和财务安排。⑥还本付息频率。还本付息频率是指借款人按照约定时间间隔偿还本金和利息的频率。常见的还本付息频率包括按月、按季度和按年等。还本付息频率的选择会影响到项目的现金流和财务安排。

2. 借款还本付息计划表的编制标准

借款还本付息计划表的编制标准如表 4.12 所示。

表 4.12　借款还本付息计划表的编制标准　　　　　　　（单位：万元）

序号	项目名称	合计	计算期		
			第 1 年	第 2 年	第 N 年
1	长期借款				
1.1	建设期利息				
1.2	期初借款余额				
1.3	当期借款				
1.4	当期应计利息				
1.5	当期还本付息				
1.5.1	还本				
1.5.2	付息				
1.6	期末借款余额				
2	短期借款				
2.1	期初借款余额				
2.2	当期借款				
2.3	当期应计利息				
2.4	当期还本付息				
2.4.1	还本				
2.4.2	付息				
2.5	期末借款余额				
3	还款资金				
3.1	用于还款的税后利润				
3.2	用于还款的折耗				
3.3	用于还款的摊销				
3.4	其他资金				

3. 借款还本付息计划表的指标算法释义

在编制长期借款中，需要与短期借款及其求和项一并考虑，包括建设期利息、期初借款余额、当期借款、当期应计利息、当期还本付息、还本（长期借款）、付息（长期借款）、期末借款余额（长期借款）。短期借款则需要考虑不同年限所带来的影响，通常需要考察第 1 年及第 2 年至评价期末年两类情况。

对于这些长期借款相关指标的计算公式如下：

$$各年建设期利息 = （年初借款本金累计 + 当期借款 / 2）$$

$$\times 长期借款利率 \quad (4.113)$$

为简化计算，假设借款均在每年的年中支用，按半年计息，其后年份按全年计息。

$$期初借款余额（长期借款）= 期初借款余额 \quad (4.114)$$

$$当期借款（长期借款）= 当期借款 \quad (4.115)$$

$$当期应计利息（长期借款）= 当期应计利息 \quad (4.116)$$

$$当期还本付息（长期借款）= 当期还本付息 \quad (4.117)$$

$$还本（长期借款）= 还本 \quad (4.118)$$

$$付息（长期借款）= 付息 \quad (4.119)$$

$$期末借款余额（长期借款）= 期末借款余额 \quad (4.120)$$

期初借款余额（短期借款）的算法解释如下：

期初借款余额（短期借款）（第 1 年）= 0

期初借款余额（短期借款）（第 2 年至评价期末年）= 当期借款（短期借款）（上一年度）

当期借款（短期借款）的算法解释如下：

当期借款（短期借款）（第 1 年）= 还本（长期借款）（第 1 年）- 还款资金（第 1 年）

当期应计利息（短期借款）的算法解释如下：

当期应计利息（短期借款）（第 1 年）= 0

当期应计利息（短期借款）（第 2 年至评价期末年）= 当期借款（短期借款）（上一年度）× 流动资金借款利率

当期还本付息（短期借款）的算法解释如下：

当期还本付息（短期借款）（第 1 年）= 还本（短期借款）（第 1 年）+ 付息（短期借款）（第 1 年）

当期还本付息（短期借款）（第 2 年至评价期末年）= 还本（短期借款）（本年度）+ 付息（短期借款）（本年度）

还本（短期借款）的算法解释如下：

还本（短期借款）（第 1 年）= 0

还本（短期借款）（第 2 年至评价期末年）= 当期借款（短期借款）（上一年度）

付息（短期借款）的算法解释如下：

付息（短期借款）（第 1 年）＝ 0

付息（短期借款）（第 2 年至评价期末年）＝ 当期应计利息（短期借款）（本年度）

期末借款余额（短期借款）的算法解释如下：

期末借款余额（短期借款）（第 1 年）＝ 当期借款（短期借款）（第 1 年）

期末借款余额（短期借款）（第 2 年至评价期末年）＝ 当期借款（短期借款）（本年度）

还款资金的算法解释如下：

还款资金（第 1 年）＝ 用于还款的税后利润（还款资金）（第 1 年）＋ 用于还款的折耗（还款资金）（第 1 年）＋ 用于还款的摊销（还款资金）（第 1 年）＋ 其他资金（还款资金）（第 1 年）

还款资金（第 2 年至评价期末年）＝ 用于还款的税后利润（还款资金）（本年度）＋ 用于还款的折耗（还款资金）（本年度）＋ 用于还款的摊销（还款资金）（本年度）＋ 其他资金（还款资金）（本年度）

用于还款的税后利润（还款资金）的计算公式如下：

$$用于还款的税后利润（还款资金）＝ 净利润 \tag{4.121}$$

用于还款的折耗（还款资金）的计算公式如下：

$$用于还款的折耗（还款资金）＝ 油气资产当期折耗 + 弃置成本当期折耗 \tag{4.122}$$

用于还款的摊销（还款资金）的计算公式如下：

$$用于还款的摊销（还款资金）＝ 无形资产当期摊销 + 其他资产当期摊销 \tag{4.123}$$

4.4　财　务　分　析

4.4.1　概述

财务分析是在项目财务效益与费用估算的基础上，通过编制财务报表，计算经济评价指标，考察和分析项目的盈利能力、偿债能力和财务生存能力，判断项目的财务可行性，明确项目对公司的价值贡献，为投资决策、融资决策以及银行审贷提供依据。

财务分析报表包括各类现金流量表、利润与利润分配表、财务计划现金流量表、资产负债表和借款还本付息估算表。

财务分析分为融资前分析和融资后分析。一般可先进行融资前分析，在融资前分析结论满足要求的情况下，根据初步设定的融资方案，再进行融资后分析。在气田开发投资项目规划和初步开发方案阶段可只进行融资前分析。

4.4.2　融资前分析

融资前分析是指在不考虑融资方案的条件下进行的财务分析，排除了融资方案的影响，从项目投资总获利能力的角度考察项目方案设计的合理性。根据需要，可从所得税前和（或）所得税后两个角度进行考察，选择计算所得税前和（或）所得税后指标。

天然气开发项目现金流入主要包括营业收入、销项税额、补贴收入、回收油气资产净值和回收流动资金。现金流出主要包括可利用探井、评价井投资、建设投资、流动资金、运营期投资、经营成本、成本进项税额、增值税、税金及附加、弃置费用以及调整所得税。净现金流量（现金流入与现金流出之差）是计算分析指标的基础。

计算所得税前指标的融资前分析（所得税前分析）是从息税前角度进行的分析，是投资盈利能力的完整体现，用以考察由项目方案本身所决定的财务盈利能力，不受融资方案和所得税政策变化的影响，仅仅体现项目方案本身的合理性，可以作为初步投资决策的主要指标，用于考察项目是否基本可行。

计算所得税后指标的融资前分析（所得税后分析）是从息前税后角度进行的分析。项目投资现金流量表中的"所得税"应依据息税前利润乘以所得税率计算，称为"调整所得税"。原则上，息税前利润的计算应完全不受融资方案变动的影响，即不受利息多少的影响，包括建设期利息对折耗的影响（因为折耗的变动会对利润总额产生影响，进而影响息税前利润）。但这样将会出现两个折耗和两个息税前利润（用于计算融资前所得税的息税前利润和利润表中的息税前利润）。为简化起见，当建设期利息占总投资比例不是很大时，也可按利润表中的息税前利润计算调整所得税。所得税后分析是所得税前分析的延伸。由于所得税作为现金流出，可用于非融资条件下判断项目对企业价值的贡献，是企业投资决策依据的主要指标。

4.4.3 融资后分析

在融资前分析结果可以接受的前提下，可以开始考虑融资方案，进行融资后分析。融资后分析包括项目的盈利能力分析、偿债能力分析以及财务生存能力分析，进而判断项目方案在融资条件下的合理性。融资后分析投资者最终决定出资的依据。

4.4.4 盈利能力分析

盈利能力分析的相关基本报表有财务现金流量表、利润与利润分配表。盈利能力分析的主要指标包括项目投资财务内部收益率、项目投资财务净现值、项目资本金财务内部收益率、投资回收期、总投资收益率和项目资本金净利润率等，可根据项目的特点及财务分析的目的、要求等选用。

4.4.4.1 相关基本报表

1. 项目投资现金流量表

1）项目投资现金流量概述

一般而言，项目投资现金流量可能受到以下方面的影响。

投资活动现金流入是指项目因投资活动而收到的现金，主要包括投资收益、处置固定资产和无形资产收到的现金等。投资活动现金流入反映了项目的投资回报情况和资产的变现能力。

投资活动现金流出是指项目因投资活动而支付的现金，主要包括购建固定资产、无形资产和其他长期资产支付的现金、投资支付的现金等。投资活动现金流出反映了项目的投资支出和资产扩张情况。

净现金流量是指投资活动现金流入与现金流出的差额。净现金流量反映了项目投资活动的盈利能力和支付能力，是评估项目投资效益的重要指标。

累计净现金流量是指项目一定时期内净现金流量的累计值。通过分析累计净现金流量，以评估项目的经营发展趋势和财务状况。

折现现金流量是指将未来的现金流量折现到现在的价值。折现现金流量的计算考虑了时间价值和风险因素，有助于更准确地评估项目的价值和潜在风险。

净现值是指投资项目的未来现金流折现到现在的价值与项目的初始投资之间的差额。净现值是评估投资项目经济效益的重要指标之一，通过比较不同方案的净现值，可以筛选出具有更高经济效益的项目。

2）项目投资现金流量表的编制标准

项目投资现金流量表的编制标准如表 4.13 所示。

表 4.13　项目投资现金流量表的编制标准　　　　（单位：万元）

序号	项目名称	合计	计算期		
			第 1 年	第 2 年	第 N 年
1	现金流入				
1.1	营业收入				
1.2	销项税额				
1.3	补贴收入				
1.3.1	征收所得税补贴				
1.3.2	不征收所得税补贴				
1.4	回收油气资产净值				
1.5	回收流动资金				
2	现金流出				
2.1	利用探井、评价井投资				
2.2	建设投资				
2.3	流动资金				
2.4	运营期投资				
2.5	经营成本				
2.6	成本进项税额				
2.7	增值税				
2.8	税金及附加				
2.9	弃置费用				

序号	项目名称	合计	计算期		
			第1年	第2年	第N年
3	所得税前净现金流量（1-2）				
4	累计税前净现金流量				
5	调整所得税				
6	所得税后净现金流量（1-2-5）				
7	累计税后净现金流量				

3）项目投资现金流量表的指标算法释义

现金流入的计算公式如下：

$$现金流入 = 营业收入 + 销项税额 + 补贴收入 + 回收油气资产净值 + 回收流动资金 \tag{4.124}$$

营业收入的计算公式如下：

$$\begin{aligned}营业收入 = {} & 原油营业收入 + 天然气营业收入 + 凝析油营业收入 \\ & + 硫磺营业收入 + 乙烷营业收入 \\ & + 液化石油气营业收入 \\ & + 液化天然气营业收入 + 稳定轻烃营业收入 \\ & + 氦气营业收入 + 其他产品营业收入\end{aligned} \tag{4.125}$$

销项税额的计算公式如下：

$$\begin{aligned}销项税额 = {} & 原油销项税 + 天然气销项税 + 凝析油销项税 \\ & + 硫磺销项税 + 乙烷销项税 + 液化石油气销项税 \\ & + 液化天然气销项税 + 稳定轻烃销项税 \\ & + 氦气销项税 + 其他产品销项税\end{aligned} \tag{4.126}$$

补贴收入的计算公式如下：

$$补贴收入 = 征收所得税补贴 + 不征收所得税补贴 \tag{4.127}$$

征收所得税补贴的算法解释如下：

征收所得税补贴 = 如果页岩气补贴收入征收所得税，则增加页岩气补贴收入；如果煤层气（瓦斯）补贴收入征收所得税，则增加煤层气（瓦斯）补贴收入；如果致密气补贴收入征收所得税，则增加致密气补贴收入；如果存在增值税返还征收所得税，则增加增值税返还

不征收所得税补贴的算法解释如下：

不征收所得税补贴 = 如果页岩气补贴收入不征收所得税，则增加页岩气补贴收入；

如果煤层气（瓦斯）补贴收入不征收所得税，则增加煤层气（瓦斯）补贴收入；如果致密气补贴收入不征收所得税，则增加致密气补贴收入；如果不存在增值税返还征收所得税，则增加增值税返还

回收油气资产净值的算法解释如下：

$$回收油气资产净值 = 评价期末年的油气资产净值$$

回收流动资金的算法解释如下：

回收流动资金（第 1 年） = 如果流动资金当期增加额（第 1 年） < 0，则为流动资金当期增加额（第 1 年）的绝对值；反之，则为零

回收流动资金（第 2 年至评价期末年） = 对于不是评价期末年的情况，当流动资金当期增加额（本年度） < 0，则为流动资金当期增加额（本年度）的绝对值；反之，则为零。当在评价期末年时，则为分年合计的流动资金 − 分年合计的回收流动资金（截至上一年度）

现金流出的计算公式如下：

$$现金流出 = 利用探井、评价井投资 + 建设投资 + 流动资金$$
$$+ 运营期投资 + 经营成本 + 成本进项税额 + 增值税$$
$$+ 税金及附加 + 弃置费用 \tag{4.128}$$

利用探井、评价井投资的计算公式如下：

$$利用探井、评价井投资 = 利用探井、评价井投资（建设期，含增值税）\tag{4.129}$$

建设投资的计算公式如下：

$$建设投资 = 建设投资（建设期，含增值税）\tag{4.130}$$

流动资金的算法解释如下：

流动资金 = 如果流动资金当期增加额 > 0，则为流动资金当期增加额

运营期投资的计算公式如下：

$$运营期投资 = 运营期投资（运营期，含增值税）\tag{4.131}$$

经营成本的计算公式如下：

$$经营成本 = 操作成本 + 租赁费 + 安全生产费用 + 其他管理费用$$
$$+ 营业费用 \tag{4.132}$$

成本进项税额的计算公式如下：

$$成本进项税额 = 操作成本 \times 操作成本中进项税所占比例$$
$$\times 成本进项税增值税税率 + 租赁费增值税 \tag{4.133}$$

增值税的算法解释如下：

增值税 = 如果（销项税额 − 成本进项税额 − 增值税抵扣额） $\geq$ 0，则为销项税额 − 成本进项税额 − 增值税抵扣额；反之，则为零

税金及附加的计算公式如下：

$$税金及附加 = 城市维护建设税 + 教育费附加 + 资源税$$
$$+ 石油特别收益金 + 矿业权出让收益 \qquad (4.134)$$

弃置费用的算法解释如下：

$$弃置费用 = 在评价期末年为合计分年的弃置费用（未折现弃置成本）$$

油气资产弃置费用是指油气资产（油气水井设施、油气水集输处理设施和输油气水管线）废弃时发生的拆卸、搬移、填埋、场地清理、生态环境恢复等支出。

弃置费用的估算应按照工程设计弃置方案提供的油气资产的清理工艺标准及工程内容，以本地区油田公司工程造价部门或定额管理部门提供的工程造价计价（目前价格水平）为依据进行估算。在没有弃置方案的情况下，以本地区公司财务部门每年计提弃置费用的标准以及开发方案中设计的工作量为依据进行估算。弃置费用在运营期末发生，弃置费用等于弃置成本与各年计提财务费用之和。

所得税前净现金流量的计算公式如下：

$$所得税前净现金流量 = 现金流入 - 现金流出 \qquad (4.135)$$

累计税前净现金流量的算法解释如下：

$$累计税前净现金流量 = 累计分年的所得税前净现金流量$$

调整所得税的算法解释如下：

$$调整所得税 = 应纳税所得额 \times 所得税税率 \qquad (4.136)$$

所得税后净现金流量的计算公式如下：

$$所得税后净现金流量 = 现金流入 - 现金流出 - 调整所得税 \qquad (4.137)$$

累计税后净现金流量的算法解释如下：

$$累计税后净现金流量 = 累计分年的所得税后净现金流量$$

2. 项目资本金流量表

1）项目资本金流量概述

项目资本金现金流量表是从投资者的角度出发，以投资者的出资额度及资本金作为计算基础，以借款本金偿还和利息支付作为现金流出，用以计算项目资本金的财务内部收益率、财务净现值等财务分析指标的表格。项目资本金现金流量分析是在拟定的融资方案基础上进行的息税后分析，是从项目权益投资者的角度考察项目给投资者带来的收益水平。

气田开发方案的项目资本金现金流量表与项目投资现金流量表的现金流入内容相同。现金流出包括利用探井、评价井投资、项目资本金、运营期投资、借款本金偿还、借款利息支付、经营成本、成本进项税额、增值税、税金及附加、弃置费用和所得税等。

2）项目资本金流量表的编制标准

项目资本金流量表的编制标准如表4.14所示。

表 4.14　项目资本金流量表的编制标准　　　　　（单位：万元）

序号	项目名称	合计	计算期		
			第 1 年	第 2 年	第 N 年
1	现金流入				
1.1	营业收入				
1.2	销项税额				
1.3	补贴收入				
1.3.1	征收所得税补贴				
1.3.2	不征收所得税补贴				
1.4	回收油气资产净值				
1.5	回收流动资金				
2	现金流出				
2.1	利用探井、评价井投资				
2.2	项目资本金				
2.3	运营期投资				
2.4	借款本金偿还				
2.5	借款利息支付				
2.6	经营成本				
2.7	成本进项税额				
2.8	增值税				
2.9	税金及附加				
2.10	弃置费用				
2.11	所得税				
3	净现金流量（1-2）				

3）项目资本金流量表的指标算法释义

现金流入的计算公式如下：

$$现金流入 = 营业收入 + 销项税额 + 补贴收入$$
$$+ 回收油气资产净值 + 回收流动资金 \qquad (4.138)$$

营业收入的计算公式如下：

$$营业收入 = 原油营业收入 + 天然气营业收入 + 凝析油营业收入$$
$$+ 硫磺营业收入 + 乙烷营业收入$$

$$+ \ 液化石油气营业收入$$

$$+ \ 液化天然气营业收入$$

$$+ \ 稳定轻烃营业收入 + 氦气营业收入$$

$$+ \ 其他产品营业收入 \qquad (4.139)$$

销项税额的计算公式如下：

$$销项税额 = 原油销项税 + 天然气销项税 + 凝析油销项税$$

$$+ \ 硫磺销项税 + 乙烷销项税 + 液化石油气销项税$$

$$+ \ 液化天然气销项税 + 稳定轻烃销项税$$

$$+ \ 氦气销项税 + 其他产品销项税 \qquad (4.140)$$

补贴收入的计算公式如下：

$$补贴收入 = 征收所得税补贴 + 不征收所得税补贴 \qquad (4.141)$$

征收所得税补贴的算法解释如下：

征收所得税补贴 = 如果页岩气补贴收入征收所得税，则增加页岩气补贴收入；如果煤层气（瓦斯）补贴收入征收所得税，则增加煤层气（瓦斯）补贴收入；如果致密气补贴收入征收所得税，则增加致密气补贴收入；如果存在增值税返还征收所得税，则增加增值税返还

不征收所得税补贴的算法解释如下：

不征收所得税补贴 = 如果页岩气补贴收入不征收所得税，则增加页岩气补贴收入；如果煤层气（瓦斯）补贴收入不征收所得税，则增加煤层气（瓦斯）补贴收入；如果致密气补贴收入不征收所得税，则增加致密气补贴收入；如果不存在增值税返还征收所得税，则增加增值税返还

回收油气资产净值的计算公式如下：

$$回收油气资产净值 = 评价期末年的油气资产净值 \qquad (4.142)$$

回收流动资金的算法解释如下：

回收流动资金（第1年） = 如果流动资金当期增加额（第1年）＜0，则为流动资金当期增加额（第1年）的绝对值，反之则为零

回收流动资金（第2年至评价期末年） = 对于不是评价期末年的情况，当流动资金当期增加额（本年度）＜0，则为流动资金当期增加额（本年度）的绝对值，反之则为零。当在评价期末年时，则为合计分年的流动资金 - 合计分年的回收流动资金（截至上一年度）

现金流出的计算公式如下：

$$现金流出 = 利用探井、评价井投资 + 项目资本金 + 运营期投资$$

$$+ \ 借款本金偿还 + 借款利息支付 + 经营成本$$

$$+ \ 成本进项税额 + 增值税 + 税金及附加 + 弃置费用$$

$$+ \ 所得税 \qquad (4.143)$$

利用探井、评价井投资的计算公式如下：

$$利用探井、评价井投资$$
$$= 利用探井、评价井投资（建设期，含增值税）\qquad（4.144）$$

项目资本金的计算公式如下：

$$项目资本金 = 用于建设投资（项目资本金）+ 用于建设期利息（项目资本金）$$
$$+ 用于流动资金（项目资本金）\qquad（4.145）$$

运营期投资的计算公式如下：

$$运营期投资 = 运营期投资（运营期，含增值税）\qquad（4.146）$$

借款本金偿还的计算公式如下：

$$借款本金偿还 = 还本\qquad（4.147）$$

借款利息支付的计算公式如下：

$$借款利息支付 = 付息\qquad（4.148）$$

经营成本的计算公式如下：

$$经营成本 = 操作成本 + 租赁费 + 安全生产费用$$
$$+ 其他管理费用 + 营业费用\qquad（4.149）$$

成本进项税额的计算公式如下：

$$成本进项税额 = 操作成本 \times 操作成本中进项税所占比例$$
$$\times 成本进项税增值税税率 + 租赁费增值税\qquad（4.150）$$

增值税的算法解释如下：

增值税 = 如果(销项税额 − 成本进项税额 − 增值税抵扣额 $\geqslant$ 0,则为销项税额 − 成本进项税额 − 增值税抵扣额；反之，则为零

税金及附加的计算公式如下：

$$税金及附加 = 城市维护建设税 + 教育费附加 + 资源税$$
$$+ 石油特别收益金 + 矿业权出让收益\qquad（4.151）$$

弃置费用的算法解释如下：

$$弃置费用 = 在评价期末年为合计分年的弃置费用（未折现弃置成本）$$

所得税的计算公式如下：

$$所得税（第 1 年）= 应纳税所得额 \times 所得税税率\qquad（4.152）$$

净现金流量的计算公式如下：

$$净现金流量 = 现金流入 − 现金流出\qquad（4.153）$$

3. 利润与利润分配表

利润与利润分配表详细内容见 4.3.5 节内容。

4.4.4.2　财务盈利能力分析的指标

1. 内部收益率

1）内部收益率概述

项目内部收益率（IRR）是评估投资项目经济效益的一个常用指标。它表示投资的收益率，考虑了现金流的影响。IRR 是一种贴现率，该贴现率能使投资项目的净现值（NPV）为零。计算 IRR 的一个重要前提是，投资项目产生的现金流可以按照 IRR 进行再投资。换句话说，现金流的现值和未来的价值应该相等。IRR 的一个主要优点是它不受现金流时间安排的影响，因此，对于具有不同现金流模式的项目，可以使用同一个 IRR 进行比较。计算 IRR 的常用方法包括逐步测试法和牛顿法。逐步测试法是通过不断调整贴现率来逼近使 NPV 接近于零的贴现率。而牛顿法则是通过迭代的方式逼近 IRR。

在投资决策中，如果 IRR 满足投资者的要求，那么这个项目就可以被视为可行的。然而，值得注意的是，IRR 并不是唯一的决策标准，还需要考虑其他因素，如风险、市场条件等。

第一种形式是简单的计算公式：

$$\mathrm{IRR} = a + \frac{\mathrm{NPV}_a}{\mathrm{NPV}_a - \mathrm{NPV}_b} \times (b - a) \qquad (4.154)$$

式中，a、b 为折现率，且 $a > b$；当折现率 NPV_a 为 a 时，所计算得出的净现值，一定为正数；NPV_b 为 b 时，所计算得出的净现值，一定为负数。

第二种形式是基于现金流量的公式，是指能使项目计算期内净现金流量现值累计等于零时的折现率，即 IRR 作为折现率使下式成立：

$$\sum_{t-1}^{n} (\mathrm{CI} - \mathrm{CO})_t (1 - \mathrm{IRR})^{-t} = 0 \qquad (4.155)$$

式中，CI 为现金流入量；CO 为现金流出量；$(\mathrm{CI} - \mathrm{CO})_t$ 为第 t 期的净现金流量；n 为项目计算期。

项目投资财务内部收益率、项目资本金财务内部收益率和投资各方财务内部收益率都依据式（4.155）计算，但所用的现金流入和现金流出不同。

IRR 是一个非常重要的投资决策指标，它可以用来评估投资项目的盈利能力。如果一个项目的 IRR 大于投资者的期望回报率，那么这个项目就是可行的，值得投资；反之，如果 IRR 小于投资者的期望回报率，那么这个项目就不值得投资。此外，IRR 还可以用来比较不同的投资项目，一般来说，IRR 越高的项目，其盈利能力越强。

IRR 法的优点是能够把项目寿命期内的收益与其投资总额联系起来，指出这个项目的收益率，便于将它同行业基准投资收益率对比，确定这个项目是否值得建设。但 IRR 表现的是比率，不是绝对值，一个 IRR 较低的方案，可能由于其规模较大而有较大的 NPV，因而更值得建设。所以在各个方案选比时，必须将 IRR 与 NPV 结合起来考虑。

由于这类方法相对比较固定和规范，因此在使用 Excel 等软件，或使用 MATLAB、Python、Java 等进行编译时，可以直接调用相关函数、命令或包。但对于现金流的预测仍然是需要准确、科学的。

2）克服内部收益率评价指标局限性的方法

在实际投资决策中，IRR 存在一些局限性，需要综合考虑其他因素来做出决策。首先，IRR 假设现金流量可以被再投资，但实际情况可能并非如此。如果投资项目需要额外的融资或存在其他的现金流影响，IRR 可能无法反映实际情况。其次，IRR 对于现金流的大小和时间并没有明确定义，这可能导致不同项目之间的比较困难。例如，两个具有相同 IRR 的投资项目可能会有不同的风险和回报率。此外，IRR 也不能用于互斥投资项目的投资决策分析。在互斥项目中，IRR 可能会高估具有较大初始投资但后续费用较低的投资项目的价值。

克服 IRR 局限性的方法有以下几种方式：

（1）考虑其他财务指标。除了 IRR 之外，还有许多其他有用的财务指标，如 NPV、回收期、折现回收期、现值指数等。这些指标可以从不同角度评估项目的财务表现，有助于更全面地了解项目的潜在风险和回报。

（2）考虑风险因素。IRR 没有考虑到风险因素的影响，因此，在评估投资项目时，应考虑项目的风险因素。这可以通过风险调整折现率、敏感性分析和蒙特卡罗模拟等方法来实现。

（3）考虑现金流的时间和不确定性。IRR 假设现金流可以被再投资，但实际情况可能并非如此。因此，在评估项目时，应考虑现金流的时间和不确定性。这可以通过对现金流进行更精确的预测和管理来实现。

（4）考虑互斥项目的比较。当比较互斥项目时，IRR 可能会高估具有较大初始投资但后续费用较低的投资项目的价值。在这种情况下，可以考虑使用其他比较方法，如净现值指数或现值净额指数等。

（5）结合实际情况进行决策。尽管 IRR 是一种有用的评估工具，但最终的决策应结合实际情况进行。例如，考虑项目的管理、市场前景、竞争环境等因素，以及评估项目的可行性和潜在风险。

因此，在评估投资项目时，需要综合考虑 IRR 的局限性以及项目的其他财务指标和风险因素。这些因素包括但不限于 NPV、回收期、折现回收期、现值指数等。通过综合运用这些指标和因素，可以更全面地评估投资项目的可行性和潜在风险，从而做出更明智的投资决策。

3）项目内部收益率在实际应用中的问题

在天然气项目投资领域，IRR 作为一种衡量投资效益的重要指标，备受投资者关注。然而，在实际操作中，IRR 的计算与应用往往存在诸多问题，这些问题不仅影响到投资决策的准确性，更有可能对投资者的利益造成重大损失。

IRR 是指投资项目在一定期间内按照其内部收益率计算出的可以使投资本金和利息得到完全回收的利率。它是一种反映投资项目实际收益水平的动态指标，能够充分考虑投资资金的时间价值，从而为投资者提供更为准确的投资决策依据。

IRR 的计算方法通常采用试错法或插值法。试错法通过不断改变折现率，计算 NPV 等于 0 时的折现率，即 IRR。插值法则是通过在两个折现率之间进行插值计算，求出 NPV

等于 0 时的折现率。

IRR 在实际应用中可能出现的问题有以下几方面：

（1）多重 IRR 问题。在某些投资项目中，可能存在多个 IRR。多重 IRR 的出现主要是因为投资项目的现金流发生变化，导致折现率无法保持一致。

（2）计算误差问题。由于 IRR 计算过程中涉及大量的复利现值系数，因此极易产生计算误差。

（3）假设条件问题。IRR 的计算基于一系列假设条件，如投资项目现金流的稳定性和可预测性等。然而，在实际操作中，这些假设条件往往无法完全满足，从而影响 IRR 的准确性。

在实际应用中解决这些问题，可以通过以下方式：

（1）完善现金流预测。为解决多重 IRR 问题，应加强对投资项目现金流的预测与分析，确保现金流的稳定性和可预测性。此外，还应关注投资项目的风险评估，以降低投资风险。

（2）提高计算精度。为减小 IRR 计算误差，应采用高精度的计算方法，如使用金融计算器或专业软件进行计算，还应关注计算过程中复利现值系数的精度，以确保计算结果的准确性。

（3）调整假设条件。在使用 IRR 进行投资决策时，应充分考虑计算过程中假设条件的限制，并结合实际情况进行调整。例如，在面临不确定因素时，可以采用敏感性分析等方法，评估不同假设条件下的 IRR，以提高投资决策的准确性。

2. 净现值

1）净现值概述

项目 NPV 是一个财务概念，用于衡量一个投资项目的经济效益。它是将投资项目的预期现金流折现到现在的价值总和，扣减初始投资成本后得到的差额。项目 NPV 的计算公式如下：

$$\text{NPV} = \sum_{t=1}^{n} \frac{(\text{CI} - \text{CO})_t}{(1 - i_c)^t} \tag{4.156}$$

式中，i_c 为设定的折现率（同基准收益率）。

式（4.156）的含义是各年的净现金流量贴现到第一年年初时的值，然后将这些值相加，即得出财务净值。项目 NPV 是一个非常有用的指标，它考虑了资金的时间价值，反映了投资项目在未来能产生的现金流的净现值。因此，它是投资决策中的一个重要指标。如果 NPV 大于零，则意味着该投资项目具有经济效益，值得进行投资；如果 NPV 小于零，则意味着该投资项目不具有经济效益，不值得进行投资。

项目 NPV 将未来的现金流折现到现在的价值，考虑了资金的时间价值，从而更准确地反映了项目的经济效益。其特点包括以下方面：①风险调整。项目净现值通过折现率对风险进行了调整，能够评估不同风险水平的项目的经济效益。②无须市场参照物。与市场相关的参照物相比，项目 NPV 更客观、更独立，不受市场参照物的影响。③综合性。项目 NPV 综合考虑了项目的所有潜在现金流，包括初始投资和未来收益，提供了全面的经济评估。

财务 NPV 也存在以下缺点：

（1）风险折现考虑不足。NPV 方法只考虑了货币的时间价值，而没有充分考虑风险。在现实中，不同投资项目的风险水平是不同的，因此，相同的现金流在不同的风险环境下应有不同的折现值。NPV 方法未能充分反映这种风险差异，可能导致投资决策失误。

（2）未来现金流预测不准确。NPV 的计算基于对未来现金流的预测，这些预测可能由于各种原因（如市场不确定性、技术进步等）而不准确。此外，对于一些长期项目，预测未来几十年的现金流是非常困难的。因此，NPV 方法对未来现金流的预测具有很大的不确定性。

（3）折现率选择主观性大。在 NPV 方法中，折现率的选择对最终的评估结果有很大的影响。然而，确定合适的折现率可能非常困难，因为需要考虑许多因素，如资金成本、项目风险等。这导致折现率的选择有很大的主观性，可能影响 NPV 结果的准确性。

（4）对现金流变动敏感。NPV 方法对现金流的变动非常敏感。即使是很小的现金流变动也可能导致 NPV 结果的显著变化。这使得 NPV 方法在评估不确定性较高的项目时尤其脆弱。

2）处理 NPV 方法中不确定性的方法

处理 NPV 方法中的不确定性主要有以下两种方法：

（1）灵敏度分析方法。这种方法假定以 NPV 作为标准，通过分析不确定变量中净现值的计算如何变化，来确定投资的价值。最简单的方法是在一段时间内观察一个变量的变化（通常从最好到最差状况的值），并计算 NPV 的相应值。复杂的方法是对每一个关键的变量建立概率密度的函数，通常以蒙特卡罗法分析（随机抽样法）做项目 NPV 的概率密度函数。

（2）费用和效益的保守方法。这种方法通常采用保守的估计方法来估算可能产生的费用与收益，以此保证最后的计算结果为该项目净收益的低限。在采用保守估计方法时，需要谨慎地考虑外部的市场需求、利率等因素，也可以通过增加风险溢价（即提高折现率）或再降低收益等方式来进行风险调整。实际上，灵敏度分析、费用和效益的保守估计通常是联合使用。

3. 投资回收期

1）投资回收期概述

项目投资回收期（P_t）是指以项目的净收益回收项目投资所需要的时间，一般以年为单位。项目投资回收期宜从项目建设开始年算起，若从项目投产开始年计算，应予以特别注明。项目投资回收期可采用下式表达：

$$\sum_{t=1}^{P_t}(\text{CI}-\text{CO})_t=0 \qquad (4.157)$$

项目投资回收期可借助项目投资现金流量表计算。项目投资现金流量表中累计净现金流量由负值变为零的时点，即为项目投资回收期。计算公式如下：

$$P_t = T - 1 + \frac{\left| \sum_{i=1}^{T-1}(\text{CI} - \text{CO})_i \right|}{(\text{CI} - \text{CO})_T}$$

（4.158）

式中，T 为各年累计净现金流量首次为正值或零的年数。

投资回收期短，表明项目投资回收快，抗风险能力强。其基本的选择标准是：只有一个项目可供选择时，该项目的投资回收期要小于决策者规定的最高标准；有多个项目可供选择时，在项目的投资回收期小于决策者要求的最高标准的前提下，还要从中选择回收期最短的项目。

2）投资回收期的局限

投资回收期是一个重要的投资评估指标，但也有一些局限性和缺点。

（1）投资回收期指标没有考虑未来现金流量的不确定性。如果未来现金流量受到市场环境、经济状况或其他因素的影响，投资回收期可能会偏离预期。

（2）投资回收期指标对投资风险考虑不足。投资回收期没有充分考虑投资风险。在某些情况下，一些高风险项目可能需要更长时间才能回收投资，因此投资者可能会因为追求短期的投资回收而忽略了项目的潜在风险。

（3）投资回收期指标无法衡量投资效益。投资回收期只能衡量投资的回收速度，而无法准确衡量投资的效益。一些具有长期稳定现金流量的项目可能无法在短期内实现投资回收，但长期来看却具有很高的价值。

（4）投资回收期指标侧重于短期收益。由于投资回收期主要关注的是投资的短期收益，因此它可能会忽略项目的长期潜力。有时候，长期项目的投资回报可能会更高，尽管初始投资可能需要更长时间才能收回。

（5）投资回收期指标是一种静态分析方法。它没有考虑市场利率的变化或其他外部环境的变化。因此，它可能无法提供关于未来现金流和市场变化的准确预测。

（6）投资回收期指标无法用于比较不同规模的项目。投资回收期的一个主要缺点是它无法用于比较不同规模的项目。由于不同规模的项目可能需要不同的投资和回报金额，因此直接比较它们的投资回收期是不准确的。

虽然投资回收期是一个有用的指标，但在使用它时应该谨慎，并考虑其他因素和指标，如 NPV、IRR 等，以做出更全面的投资决策。

4. 总投资收益率

总投资收益率（ROI）表示总投资的盈利水平，是指项目达到设计能力后正常年份的年息税前利润或运营期内年平均息税前利润与项目总投资的比率。其计算公式如下：

$$\text{ROI} = \frac{\text{EBIT}}{\text{TI}} \times 100\%$$

（4.159）

式中，EBIT 为项目正常年份的年息税前利润或运营期内年平均息税前利润；TI 为项目总投资。

总投资收益率高于企业的收益率参考值，表明用总投资收益率表示的盈利能力满足要求。

5. 项目资本金利润率

资本金净利润率（ROE）表示项目资本金投资的盈利水平，是指项目达到设计能力后正常年份的年净利润或运营期内年平均净利润与项目资本金的比率。其计算公式如下：

$$ROE = \frac{NP}{EC} \times 100\% \tag{4.160}$$

式中，NP 为项目正常年份的年净利润或运营期内年平均净利润；EC 为项目资本金。

资本金净利润率高于企业的净利润率参考值，表明用资本金净利润率表示的盈利能力满足要求。

4.4.5　偿债能力分析

偿债能力分析是通过编制相关报表，计算利息备付率、偿债备付率和资产负债率等指标，分析判断项目的偿债能力。

4.4.5.1　相关基本报表

1. 借款还本付息计划表

借款还本付息计划表反映项目计算期内各年借款本金偿还和利息支付情况，用于计算利息备付率和偿债备付率等指标。借款还本付息计划表详细内容见 4.3.6 节内容。

2. 资产负债表

1）资产负债概述

资产负债表是一个反映项目在特定日期财务状况的财务报表，其通过资产、负债和所有者权益三个主要类别的数据来呈现项目的经济资源分布、资金来源和财务结构。

首先，需要编制资产类目。资产是指项目拥有或控制的、预期会给项目带来经济利益的资源。根据变现期限的长短，资产通常分为流动资产和非流动资产两大类。①流动资产：是指项目可以在一年内或者一个正常的营业周期内变现或者耗用的资产，如现金、应收账款、存货等。流动资产是项目日常经营和短期资金需求的基础。②非流动资产：是指流动资产以外的资产，包括长期投资、固定资产、无形资产等。非流动资产是项目长期稳定经营和长期资金需求的基础。

其次，需要编制负债类目。负债是指项目所承担的、能以货币计量、需以资产或劳务偿付的债务。根据偿还期限的长短，负债通常分为流动负债和非流动负债两大类。①流动负债：是指项目需要在一年内或者一个正常的营业周期内偿还的债务，如应付账款、短期借款等。流动负债是项目短期资金需求和偿债能力的重要体现。②非流动负债：是指流动负债以外的债务，包括长期借款、债券等。非流动负债是项目长期资金需求和偿债能力的重要体现。

最后，需要编制所有者权益类目。所有者权益是指项目所有者对项目净资产的所有权，包括实收资本、资本公积金、盈余公积金和未分配利润等。所有者权益反映了项目的资本结构和股东权益，是代表项目基础性和稳定性的重要指标。

除了上述提到的类目，还有以下一些关键元素对于理解和分析项目资产负债表至关重要。①流动比率：是流动资产与流动负债的比率，用于评估项目短期偿债能力。②资产负债率：是负债总额与资产总额的比率，用于评估项目的长期偿债能力。③存货周转率：是销售成本与平均存货的比率，用于评估项目存货管理能力。④应收账款周转率：是销售收入与平均应收账款的比率，用于评估项目应收账款管理能力。⑤总资产周转率：是销售收入与平均资产总额的比率，用于评估项目整体资产运营效率。

通过对这些关键指标的分析，可以全面地了解项目的财务状况、经营效率和潜在风险。在分析项目资产负债表时，需要综合考虑各类目之间的关系以及它们对整体财务状况的影响。此外，还需要关注报表附注中的信息，以便更准确地理解报表数据所反映的经济实质。

2）资产负债表的编制标准

资产负债表的编制标准如表 4.15 所示。

表 4.15 资产负债表的编制标准 （单位：万元）

序号	项目名称	合计	计算期		
			第1年	第2年	第N年
1	资产				
1.1	流动资产				
1.1.1	应收账款				
1.1.2	存货				
1.1.3	现金				
1.2	累计盈余资金				
1.3	在建工程				
1.4	油气资产净值				
1.5	弃置成本净值				
1.6	无形资产及其他资产净值				
1.7	待扣增值税抵扣额				
2	负债及所有者权益				
2.1	负债				
2.1.1	流动负债				
	应付账款				
2.1.2	建设投资借款				
2.1.3	流动资金借款				
2.1.4	短期借款				

续表

序号	项目名称	合计	计算期		
			第 1 年	第 2 年	第 N 年
2.1.5	弃置成本预计负债				
2.2	所有者权益				
2.2.1	资本金				
2.2.2	累计盈余公积金				
2.2.3	累计未分配利润				

3）资产负债表的指标算法释义

资产的计算公式如下：

$$资产 = 流动资产 + 累计盈余资金 + 在建工程 + 油气资产净值$$
$$+ 弃置成本净值 + 无形及其他资产净值$$
$$+ 待扣增值税抵扣额 \tag{4.161}$$

流动资产的计算公式如下：

$$流动资产 = 应收账款 + 存货 + 现金 \tag{4.162}$$

累计盈余资金的算法解释如下：

$$累计盈余资金 = 累计分年的净现金流量$$

$$净现金流量 = 经营活动净现金流量 + 投资活动净现金流量 + 筹资活动净现金流量$$

无形及其他资产净值的计算公式如下：

$$无形及其他资产净值 = 无形资产净值 + 其他资产净值 \tag{4.163}$$

负债及所有者权益的计算公式如下：

$$负债及所有者权益 = 负债 + 所有者权益 \tag{4.164}$$

负债的计算公式如下：

$$负债 = 流动负债 + 建设投资借款 + 流动资金借款$$
$$+ 短期借款 + 弃置成本预计负债 \tag{4.165}$$

流动负债的计算公式如下：

$$流动负债 = 应付账款 \tag{4.166}$$

建设投资借款的计算公式如下：

$$建设投资借款 = 期末借款余额（长期借款） \tag{4.167}$$

流动资金借款的计算公式如下：

$$流动资金借款 = 流动资金占用 \times （1 - 流动资金中自有资金比例） \tag{4.168}$$

短期借款的计算公式如下：

$$短期借款 = 期末借款余额（短期借款） \tag{4.169}$$

弃置成本预计负债的计算公式如下：

$$弃置成本预计负债 = 非评价期末年累计分年的$$

$$（新增弃置成本原值 + 弃置成本财务费用） \tag{4.170}$$

所有者权益的计算公式如下：

$$所有者权益 = 资本金 + 累计盈余公积金 + 累计未分配利润 \tag{4.171}$$

资本金的计算公式如下：

$$资本金 = 利用探井、评价井投资 + 建设投资资本金 + 运营期投资 \tag{4.172}$$

4.4.5.2　偿债能力分析的指标

1. 利息备付率

利息备付率（ICR）是指在借款偿还期内的息税前利润与应付利息的比值，它从付息资金来源的充裕性角度反映项目偿付债务利息的保障程度和支付能力。其计算公式如下：

$$ICR = \frac{EBIT}{PI} \tag{4.173}$$

式中，EBIT 为息税前利润；PI 为计入总成本费用的应付利息。

利息备付率应分年计算。利息备付率高，表明利息偿付的保证度大，风险小。利息备付率一般应大于 1，或结合债权人的要求判定。

一般来说，利息备付率越大，说明项目支付利息费用的能力越强，长期偿债能力也越强。因此，债权人会通过分析利息备付率指标，来衡量债务资本的安全程度。利息备付率也与项目的负债经营相关。当项目负债经营时，如果利润表中反映的税息前利润越大，利息备付率越高，说明项目负债经营的风险越小。这是因为税息前利润的大小反映了项目支付债务利息的能力，而利息备付率则直接反映了项目用经营所得支付债务利息的能力。

2. 偿债备付率

偿债备付率（DSCR）是指在借款偿还期内，可用于还本付息的资金与应还本付息金额的比值，表示可用于还本付息的资金偿还借款本息的保障程度。其计算公式如下：

$$DSCR = \frac{EBITDA - T_{AX}}{PD} \tag{4.174}$$

式中，EBITDA 为息税前利润加折耗和摊销（如果项目在运营期内有运营期投资，应扣除运营期投资）；T_{Ax} 为企业所得税；PD 为应还本付息金额，包括还本金额和计入总成本费用的应付利息。融资租赁费用支出可视同借款偿还。运营期内的短期借款本息也应纳入计算。

当 DSCR 高于 1 时，表示项目的经营活动产生的现金流足以覆盖其债务偿还额，即项目的偿债能力较强。当 DSCR 等于 1 时，表示项目的现金流刚好能够满足其债务偿还的需求，偿债能力处于临界状态。当 DSCR 低于 1 时，表示项目的现金流不足以覆盖其债务偿还额，可能需要依赖外部融资或其他手段来满足偿债需求，偿债能力较弱。

3. 资产负债率

资产负债率（LOAR）是指各期末负债总额与资产总额的比率。其计算公式如下：

$$LOAR = \frac{TL}{TA} \times 100\% \qquad (4.175)$$

式中，TL 为期末负债总额；TA 为期末资产总额。

资产负债率越高，表示项目的财务风险越大，依赖债务的程度越高；反之，资产负债率越低，项目的财务结构越稳健。适度的资产负债率表明企业经营安全、稳健，具有较强的筹资能力，也表明企业和债权人的风险较小。对该指标的分析，应结合国家宏观经济状况、行业发展趋势、企业所处竞争环境等具体条件判定。项目财务分析中，在长期债务还清后，可不再计算资产负债率。

4.4.6　财务生存能力分析

项目财务生存能力分析，是通过财务计划现金流量表考察项目计算期内各年的投资活动、融资活动和经营活动所产生的各项现金流入和流出，计算盈余资金和累计盈余资金，分析是否有足够的净现金流量维持项目的正常运营，实现财务可持续性。

项目的财务可持续性分析，首先应体现在有足够大的经营活动净现金流量，其次各年累计盈余资金不应出现负值。若出现负值时应进行短期借款，同时分析该短期借款的年份长短和数额大小，进一步判断项目的财务生存能力。为维持项目正常运营，还应分析短期借款的可靠性。如果需要的短期融资过大，年份过多，甚至在整个运营期内的大部分年份都需要，财务可持续性的实现将会受到影响。

1. 财务计划现金流概述

现金流入是财务计划现金流量表的重要组成部分，它反映了项目通过各种业务活动所获得的现金收入。通常现金流入主要包括经营活动现金流入、投资活动现金流入和筹资活动现金流入。在分析财务计划现金流量时，首先需要围绕现金流入这一指标，考虑经营活动、投资活动、筹资活动中所形成的若干现金流入情况。其中，经营活动现金流入主要包括销售商品和提供劳务所收到的现金，以及其他与经营活动有关的现金收入。这些现金流入是项目主要的收入来源，也是项目维持日常运营和持续发展的重要保障。投资活动现金流入主要包括出售固定资产、无形资产和其他长期资产所收到的现金，以及收回投资所收到的现金。这些现金流入反映了项目的投资回报和资产处置情况。筹资活动现金流入主要包括吸收投资所收到的现金，以及借款所收到的现金。这些现金流入反映了项目的融资能力和筹资状况。具体来看：

（1）经营活动现金流量。经营活动现金流量是项目通过正常的生产经营活动所产生的现金流量，包括销售商品和提供劳务所收到的现金，以及其他与经营活动有关的现金收入和支出。经营活动现金流量是项目主要的现金流来源，也是项目财务计划的重要指标之一。经营活动现金流量的稳定性和持续性对于项目的经营状况和未来发展具有重要意义。

（2）投资活动现金流量。投资活动现金流量是项目用于购置和处置固定资产、无形资产和其他长期资产所产生的现金流量。投资活动现金流量反映了项目的投资决策和资产配置情况。投资活动现金流量可能因项目的经营策略和市场环境的变化而有所不同，因此，项目应该根据自身的实际情况和市场趋势制定合理的投资策略，以提高投资活动的效率和收益。

（3）筹资活动现金流量。筹资活动现金流量是项目通过筹集资金所产生的现金流量，包括吸收投资所收到的现金，以及借款所收到的现金。筹资活动现金流量反映了项目的融资能力和筹资状况。筹资活动现金流量的稳定性对于项目的财务状况和经营成果具有重要意义。项目应该根据自身的经营状况和资金需求制定合理的筹资策略，并保持合理的负债结构，以提高筹资活动的效率和安全性。

2. 财务计划现金流量表的编制标准

财务计划现金流量表的编制标准如表 4.16 所示。

表 4.16　财务计划现金流量表的编制标准　　　（单位：万元）

序号	项目名称	合计	计算期		
			第 1 年	第 2 年	第 N 年
1	经营活动净现金流量（1.1–1.2）				
1.1	现金流入				
1.1.1	营业收入				
1.1.2	销项税额				
1.1.3	补贴收入				
1.1.4	生产经营期间回收流动资金				
1.2	现金流出				
1.2.1	经营成本				
1.2.2	成本进项税额				
1.2.3	税金及附加				
1.2.4	增值税				
1.2.5	所得税				
2	投资活动净现金流量（2.1–2.2）				
2.1	现金流入				
2.2	现金流出				
2.2.1	利用探井、评价井投资				

序号	项目名称	合计	计算期		
			第1年	第2年	第N年
2.2.2	建设投资				
2.2.3	运营期投资				
2.2.4	流动资金				
2.2.5	弃置费用				
3	筹资活动净现金流量（3.1–3.2）				
3.1	现金流入				
3.1.1	利用探井、评价井投资				
3.1.2	项目资本金投入				
3.1.3	建设投资借款				
3.1.4	运营期投资借款				
3.1.5	流动资金借款				
3.1.6	短期借款				
3.2	现金流出				
3.2.1	各种利息支出				
3.2.2	偿还长期借款本金				
3.2.3	偿还短期借款本金				
3.2.4	偿还流动资金借款本金				
3.2.5	投资者分配利润				
4	净现金流量（1+2+3）				
5	累计盈余资金				

3. 财务计划现金流量表的指标算法释义

经营活动净现金流量的计算公式如下：

$$经营活动净现金流量 = 现金流入 - 现金流出 \tag{4.176}$$

现金流入的计算公式如下：

$$现金流入 = 营业收入 + 销项税额 + 补贴收入$$
$$+ 生产经营期间回收流动资金 \tag{4.177}$$

营业收入的计算公式如下：

$$营业收入 = 原油营业收入 + 天然气营业收入 + 凝析油营业收入$$

$$+ 硫磺营业收入 + 乙烷营业收入$$

$$+ 液化石油气营业收入$$

$$+ 液化天然气营业收入$$

$$+ 稳定轻烃营业收入 + 氦气营业收入$$

$$+ 其他产品营业收入 \tag{4.178}$$

销项税额的计算公式如下：

$$销项税额 = 原油销项税 + 天然气销项税 + 凝析油销项税$$

$$+ 硫磺销项税 + 乙烷销项税 + 液化石油气销项税$$

$$+ 液化天然气销项税 + 稳定轻烃销项税$$

$$+ 氦气销项税 + 其他产品销项税 \tag{4.179}$$

补贴收入的计算公式如下：

$$补贴收入 = 征收所得税补贴 + 不征收所得税补贴 \tag{4.180}$$

生产经营期间回收流动资金的算法解释如下：

回收流动资金（第 1 年）= 如果流动资金当期增加额（第 1 年）< 0，则为流动资金当期增加额（第 1 年）的绝对值；反之，则为零

回收流动资金（第 2 年至评价期末年）= 对于不是评价期末年的情况，当流动资金当期增加额（本年度）< 0，则为流动资金当期增加额（本年度）的绝对值；反之，则为零。当在评价期末年时，则为合计分年的流动资金 − 合计分年的回收流动资金（截至上一年度）

现金流出的计算公式如下：

$$现金流出 = 经营成本 + 成本进项税额 + 税金及附加$$

$$+ 增值税 + 所得税 \tag{4.181}$$

经营成本的计算公式如下：

$$经营成本 = 操作成本 + 租赁费 + 安全生产费用$$

$$+ 其他管理费用 + 营业费用 \tag{4.182}$$

成本进项税额的计算公式如下：

$$成本进项税额 = 操作成本 \times 操作成本中进项税所占比例$$

$$\times 成本进项税增值税税率$$

$$+ 租赁费增值税 \tag{4.183}$$

税金及附加的计算公式如下：

$$税金及附加 = 城市维护建设税 + 教育费附加 + 资源税$$

$$+ 石油特别收益金 + 矿业权出让收益 \tag{4.184}$$

增值税的算法解释如下：

增值税 ＝ 如果（销项税额 － 成本进项税额 － 增值税抵扣额）≥ 0，则为销项税额 － 成本进项税额 － 增值税抵扣额；反之，则为零

所得税的计算公式如下：

$$所得税 ＝ 应纳税所得额 × 所得税税率 \tag{4.185}$$

投资活动净现金流量的计算公式如下：

$$投资活动净现金流量 ＝ 现金流入 － 现金流出 \tag{4.186}$$

现金流出的计算公式如下：

$$现金流出 ＝ 利用探井、评价井投资 ＋ 建设投资 ＋ 运营期投资$$
$$＋ 流动资金 ＋ 弃置费用 \tag{4.187}$$

利用探井、评价井投资的计算公式如下：

$$利用探井、评价井投资 ＝ 利用探井、评价井投资（建设期，含增值税）$$
$$\tag{4.188}$$

建设投资的计算公式如下：

$$建设投资 ＝ 勘探投资（建设期，含增值税）$$
$$＋ 开发井投资（建设期，含增值税）$$
$$＋ 地面工程投资（建设期，含增值税） \tag{4.189}$$

运营期投资的计算公式如下：

$$运营期投资 ＝ 勘探投资（运营期，含增值税）$$
$$＋ 开发井投资（运营期，含增值税）$$
$$＋ 地面工程投资（运营期，含增值税） \tag{4.190}$$

流动资金的算法解释如下：

流动资金 ＝ 如果流动资金当期增加额 ＞0，则为流动资金当期增加额

弃置费用的算法解释如下：

弃置费用 ＝ 在评价期末年为合计分年的弃置费用（未折现弃置成本）

筹资活动净现金流量的计算公式如下：

$$筹资活动净现金流量 ＝ 现金流入 － 现金流出 \tag{4.191}$$

现金流入的计算公式如下：

$$现金流入 ＝ 利用探井、评价井投资 ＋ 项目资本金投入$$
$$＋ 运营期投资 ＋ 建设投资借款 ＋ 流动资金借款$$
$$＋ 短期借款 \tag{4.192}$$

利用探井、评价井投资的计算公式如下：

利用探井、评价井投资 ＝ 利用探井、评价井投资（建设期，含增值税）　　（4.193）

项目资本金投入的计算公式如下：

项目资本金 ＝ 用于建设投资（项目资本金）＋ 用于建设期利息（项目资本金）

＋ 用于流动资金（项目资本金）　　（4.194）

运营期投资的计算公式如下：

运营期投资 ＝ 勘探投资（运营期，含增值税）

＋ 开发井投资（运营期，含增值税）

＋ 地面工程投资（运营期，含增值税）　　（4.195）

建设投资借款的计算公式如下：

建设投资借款 ＝ 建设投资 ×（1 － 建设投资中自有资金比例）　　（4.196）

流动资金借款的计算公式如下：

流动资金借款 ＝ 流动资金 － 用于流动资金（项目资本金）　　（4.197）

流动资金借款的另一种计算方法可以解释如下：

流动资金借款 ＝ 流动资金 ×（1 － 流动资金中自有流动资金比例）　　（4.198）

现金流出的计算公式如下：

现金流出 ＝ 各种利息支出 ＋ 偿还长期借款本金 ＋ 偿还短期借款本金

＋ 偿还流动资金借款本金 ＋ 投资者分配利润　　（4.199）

各种利息支出的计算公式如下：

各种利息支出 ＝ 长期借款利息 ＋ 流动资金借款利息

＋ 短期借款利息　　（4.200）

偿还长期借款本金的计算公式如下：

偿还长期借款本金 ＝ 还本（长期借款）　　（4.201）

偿还短期借款本金的计算公式如下：

偿还短期借款本金 ＝ 还本（短期借款）　　（4.202）

偿还流动资金借款本金的计算公式如下：

偿还流动资金借款本金 ＝ 回收流动资金

×（1 － 流动资金中自有资金比例）　　（4.203）

投资者分配利润的算法解释如下：

投资者分配利润 ＝ 如果可供分配的利润 ＞ 0，则为可供分配的利润 － 提取法定盈余公积金

净现金流量的计算公式如下：

净现金流量 ＝ 经营活动净现金流量 ＋ 投资活动净现金流量

$$+ 筹资活动净现金流量 \qquad （4.204）$$

累计盈余资金的算法解释如下：

$$累计盈余资金 = 累计分年的净现金流量$$

4.5　不确定性与风险分析

4.5.1　概述

项目财务分析所采用的数据大部分来自预测和估算，具有一定程度的不确定性。为分析不确定性因素对评价指标的影响，需要进行不确定性分析和风险分析，估计项目可能承担的风险，考察项目的财务可靠性，提出项目风险的预警、预报和相应的对策，为投资决策服务。不确定性分析包括盈亏平衡分析、敏感性分析、情景分析与风险分析等。

处理不确定性的来源需要正视问题、收集信息、建立模型和模拟、制定备用计划、建立风险管理机制以及持续学习和改进。通过这些方法，可以更好地理解和应对不确定性，从而做出更明智的决策。

4.5.2　盈亏平衡分析

盈亏平衡分析是指通过计算项目达产年的盈亏平衡点（BEP），分析项目成本与收入的平衡关系，判断项目对产出品数量变化的适应能力和抗风险能力。盈亏平衡分析只用于财务分析。由于天然气开发项目的天然气产量具有递减性，每年的盈亏平衡点都不一样，正常生产年份的盈亏平衡点不具有代表性，因此可通过计算生产运营期内的整体盈亏平衡点进行盈亏平衡分析。

盈亏平衡点的表达形式有多种。根据天然气开发投资项目的特点，在项目评价中最常用的是以生产能力利用率和产量表示的盈亏平衡点。

$BEP_{生产能力利用率}$ 的计算公式如下：

$$BEP_{生产能力利用率} = 总固定成本 / （总营业收入 - 总可变成本 - 总税金及附加）$$
$$\times 100\% \qquad （4.205）$$

$BEP_{产量}$ 的计算公式如下：

$$BEP_{产量} = BEP_{生产能力利用率} \times 设计生产能力 \qquad （4.206）$$

盈亏平衡点也可利用盈亏平衡图求取，如图 4.1 所示。

4.5.3　敏感性分析

4.5.3.1　敏感性分析概述

敏感性分析是项目决策过程中不可或缺的工具，它有助于决策者识别和理解项目的不确定性，从而优化决策。通过敏感性分析来优化项目决策的详细步骤如下：

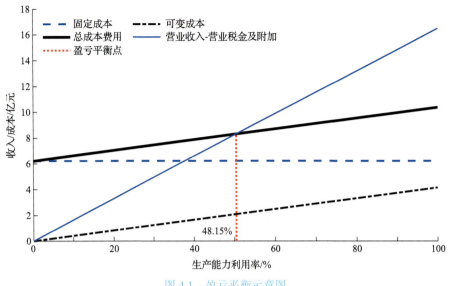

图 4.1　盈亏平衡示意图

（1）明确分析的目标是敏感性分析的基础。这包括确定关键的不确定性因素和期望的项目结果。分析目标的明确性对于后续的数据收集、模型选择和参数设置至关重要。

（2）识别和选择影响项目结果的不确定性因素。这些因素可能包括市场需求、成本、技术进步等，它们是项目成功的关键。

（3）计算敏感度系数，以量化不确定性因素对项目结果的影响程度。敏感度系数和影响因子等指标可以揭示哪些因素对项目目标有最大的影响。

（4）根据敏感度系数的评估结果，对不确定性因素进行排序和筛选。这有助于决策者集中资源，优先处理风险较高的因素，并制定相应的策略。

（5）基于敏感性分析的结果，制定应对策略。这些策略可能包括风险规避、风险转移或风险减轻，目的是降低项目风险，提高成功率。

（6）由于项目实施过程中不确定性因素可能会发生变化，因此需要定期进行敏感性分析的迭代和更新。通过监测和评估这些因素的变化，及时调整应对策略，以确保项目决策的优化和有效性。

通过这六个步骤，敏感性分析可以帮助决策者更好地理解项目风险，做出更明智的决策，从而提高项目的成功率。在实际操作中，应根据项目的具体情况和数据的可获得性，灵活运用这些步骤，以确保敏感性分析的有效性和实用性。

4.5.3.2　天然气开发项目的敏感性分析方法

1. 四类敏感性因子

基于天然气开发项目经济评价的特点，本书设计一套用以敏感性分析的算法模型。其中包括多重的敏感性因子，总体上可划分为四类：产品价格、产量、经营成本、建设投资。

（1）产品价格，共4项，包括原油（元/吨）、原油（美元/桶）、天然气、凝析油。

（2）产量，共 10 项，包括原油、天然气、凝析油、硫磺、乙烷、液化石油气、液化天然气、稳定轻烃、氦气、其他产品。

（3）经营成本，共 21 项，包括：①操作成本（15 项），直接材料费、直接燃料费、直接动力费、直接人员费用、驱油物注入费、稠油热采费、油气处理费、轻烃回收费、井下作业费、测井试井费、天然气净化费、维护及修理费、运输费、其他辅助作业费、厂矿管理费；②租赁费（2 项），租赁费、租赁费增值税；③安全生产费用（2 项），原油、凝析油安全生产费用计提标准，天然气、煤层气（地面开采）安全生产费用计提标准；④其他管理费用（1 项）；⑤营业费用（1 项）。

（4）建设投资，共 16 项，包括：①建设期投资（不含增值税，5 项），勘探投资、开发井投资、地面工程投资、无形资产、其他资产；②建设期投资（增值税抵扣额，5 项），勘探投资、开发井投资、地面工程投资、无形资产、其他资产；③运营期投资（不含增值税，3 项），勘探投资、开发井投资、地面工程投资；④运营期投资（增值税抵扣额，3 项），勘探投资、开发井投资、地面工程投资。

2. 敏感性数学模型

基于矩阵算法，本书所涉及的数学模型及其算法思路如下。令 F 代表抽象的指标运算函数，α 代表产量的变动比例；此时其他参数不发生变化。通过迭代变动比例，得到矩阵结果，其中包含方案中所有的数值。该矩阵是二维结构的数据；如同时考虑多种参数的组合，将得到高维结构的数据。

其数学模型及矩阵的算法解释如下：

$$\begin{cases} F(\text{par}_{\text{GFb},t}^{产量} \cdot \alpha^{变动比例}, \text{par}_{\text{GFb},t}^{其他}) \Rightarrow \\ \alpha^{变动比例} \in [0.1, 2] \end{cases}$$

$$A_\alpha^{产量} = \begin{bmatrix} \cdots & n_{\text{Caj},t}^{天然气商品量} \atop \alpha=0.1 & n_{\text{Cap}}^{天然气商品量} \atop \alpha=0.1 & n_{\text{Cap}}^{单位完全成本} \atop \alpha=0.1 & \cdots \\ \cdots & \cdots & \cdots & \cdots & \cdots \\ \cdots & \cdots & \cdots & \cdots & \cdots \\ \cdots & \cdots & \cdots & \cdots & \cdots \\ \cdots & n_{\text{Caj},t}^{天然气商品量} \atop \alpha=2 & n_{\text{Cap}}^{天然气商品量} \atop \alpha=2 & n_{\text{Cap}}^{单位完全成本} \atop \alpha=2 & \cdots \end{bmatrix}$$

其中，上标以中文形式声明该指标或变量的经济含义；下标的英文简写为该指标所归属的财务分析模块；下标的 t 代表期数，即该指标的分年值。

对矩阵 A 而言，上标以中文形式声明该矩阵中变化的敏感性因子为产量（共 10 项）；下标 α 代表变动比例及其对应的运算精度（如取值为 $\alpha \in [0.1, 2]$，精度为 0.1）。

3. 敏感性分析指标

本书所设计的算法模型可对气田开发方案经济评价中的任何指标进行敏感性分析，包括不限于内部收益率、净现值、投资回收期、完全成本、单位完全成本、资产负债率、偿债备付率等涉及项目全生命周期部分的，以及现金流入、现金流出、折旧、短期借款等涉及不同年份变化的。同时，算法模型可针对所有指标进行双精度浮点运算。

考虑到研究的侧重性，本书仅呈现内部收益率（所得税后）、投资回收期（所得税后）、内部收益率的目标值及其临界变化率计算结果，并减少部分计算结果的小数点位。

结合实际工作需要，敏感因子的变化范围通常为[0.8，1.2]，即表征了对应参数在 –20%～20%（亦即 80%～120%）的变动情况。为进一步拓展分析，本研究也将呈现[0.1，2]等区间分析结果。虽然在实际工作中并不会取到这些区间，但进行拓展研究仍然是有益的，以期为相关研究提供参考。

4. 敏感度系数

在一般的技术经济学中对敏感度系数的计算公式如下：

$$S_{\mathrm{AF}} = \frac{\Delta A / A}{\Delta F / F} \tag{4.207}$$

式中，$\Delta A/A$ 为评价指标的变动比率；$\Delta F/F$ 为不确定因素的变化率；$S_{\mathrm{AF}} > 0$ 表示评价指标与不确定性因素同方向变化；$S_{\mathrm{AF}} < 0$ 表示评价指标与不确定性因素反方向变化。$|S_{\mathrm{AF}}|$ 越大，表明评价指标 A 对于不确定性因素 F 越敏感；反之，则不敏感。

本书敏感度系数的算法解释如下：

敏感度系数 ＝ 指标的变化率 / 不确定因素变化率

其中：

指标的变化率 ＝ （敏感性分析的指标数值 － 基本方案的指标数值）/ 基本方案的指标数值

不确定性因素变化率 ＝ （敏感性因子变动比例 －1）

因此，可以改写为

敏感度系数 ＝ （（敏感性分析的指标数值 － 基本方案的指标数值）/ 基本方案的指标数值）/ （敏感性因子变动比例 －1）

4.5.3.3　主要指标敏感性分析的编制标准

主要指标敏感性分析的编制标准如表 4.17～表 4.23 所示。

表 4.17　内部收益率敏感性分析表的编制标准　　　（单位：%）

不确定性因素	–20%	–15%	–10%	–5%	基本方案	5%	10%	15%	20%
产品价格									
产量									
经营成本									
建设投资									

表 4.18　净现值敏感性分析表的编制标准　　　　（单位：万元）

不确定性因素	−20%	−15%	−10%	−5%	基本方案	5%	10%	15%	20%
产品价格									
产量									
经营成本									
建设投资									

表 4.19　投资回收期敏感性分析表的编制标准　　　　（单位：年）

不确定性因素	−20%	−15%	−10%	−5%	基本方案	5%	10%	15%	20%
产品价格									
产量									
经营成本									
建设投资									

表 4.20　完全成本敏感性分析表的编制标准　　　　（单位：万元）

不确定性因素	−20%	−15%	−10%	−5%	基本方案	5%	10%	15%	20%
产品价格									
产量									
经营成本									
建设投资									

表 4.21　单位完全成本敏感性分析表的编制标准（单位：元/10^3立方米）

不确定性因素	−20%	−15%	−10%	−5%	基本方案	5%	10%	15%	20%
产品价格									
产量									
经营成本									
建设投资									

表 4.22　内部收益率的目标值及其临界变化率的编制标准

不确定性因素	目标值	临界点变化率
产品价格	如基准收益率	
产量	如基准收益率	
经营成本	如基准收益率	
建设投资	如基准收益率	

表 4.23　敏感性分析表的编制标准

序号	不确定性因素	变化率	内部收益率	敏感度系数	临界点
基本方案（税后）					
1	产品价格	−20%			
		−15%			
		−10%			
		−5%			
		5%			
		10%			
		15%			
		20%			
2	产量	−20%			
		−15%			
		−10%			
		−5%			
		5%			
		10%			
		15%			
		20%			
3	经营成本	−20%			
		−15%			
		−10%			
		−5%			
		5%			
		10%			
		15%			
		20%			

续表

序号	不确定性因素	变化率	内部收益率	敏感度系数	临界点
4	建设投资	−20%			
		−15%			
		−10%			
		−5%			
		5%			
		10%			
		15%			
		20%			

在进行敏感性分析时,通常先进行内部收益率的敏感性分析,选取产量、产品价格、经营成本与建设投资分别测算。敏感性分析示意图如图 4.2 所示。

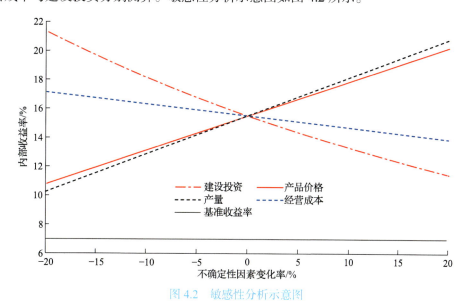

图 4.2　敏感性分析示意图

4.5.4　情景分析

情景分析是指针对影响项目效益较大的因素,设定具体的情景进行多情景的测算分析,如天然气价格、单井产量等可选取在多种指标下的效益测算。项目在实际运行中,往往会有两个或两个以上的因素同时变动,这时单因素敏感性分析不能反映项目承担风险的情况。因此,可选择几个变化因素,设定其变化的情况,进行多因素的情景分析,这有利于决策参考。情景分析主要包括以下步骤。

首先,需要识别和确定可能影响项目投资的关键参数。这些变量通常需要结合单因素敏感性分析的敏感性因子及其组合。但这种方式通常需要手动调整参数,这样不仅会耗费大量的算力和人工,也有可能造成人为误差。利用本书所设计的算法模型,可以根据实际情况，分别构建关键变量及其组合，并进行高效地迭代计算与数值模拟，进而为决策者提供一个全面、科学的投资决策支持。

其次，基于关键参数，构建一系列不同的情景。每个情景都代表了一种可能的未来状态。例如，最佳情景，即所有关键变量都朝着最有利的方向发展。最差情景，即所有关键变量都朝着最不利的方向发展。最可能情景，即根据当前趋势和信息，最有可能发生的情况。意外情景，即虽然发生概率较低，但一旦发生会对项目产生重大影响的情景。

最后，对每个情景进行详细分析，评估它们对项目投资的潜在影响。例如，项目的成本、收益、现金流、盈利能力、偿债能力等财务指标，以及项目的战略价值、市场地位、品牌影响等非财务因素。根据情景分析的结果，制定相应的应对策略。这可能包括调整项目规模、改变融资结构、优化运营策略、加强风险管理、进行多元化投资等。

4.5.5 风险分析

4.5.5.1 风险分析的流程

项目风险分析是认识项目可能存在的潜在风险因素，估计这些因素发生的可能性及由此造成的影响，分析为防止或减少不利影响而采取对策的一系列活动，包括风险识别、风险评估、风险评价与风险应对四个基本流程。

（1）风险识别。运用系统论的观点对项目全面考察综合分析，常用的方法有基准化分析法、问卷调查法、检查表法、流程图分析法、事件分析法、头脑风暴法、财务报表分析法等，找出潜在的各种风险因素，并对各种风险进行比较、分类，确定各因素间的相关性与独立性，判断其发生的可能性及对项目的影响程度，按其重要性进行排队，或赋予权重。

（2）风险评估。运用主观概率和客观概率的统计方法，确定风险因素基本单元的概率分布，根据风险因素发生的可能性及对项目的影响程度，运用概率论和数理统计分析的方法如概率树分析法、蒙特卡罗模拟法以及控制区间和记忆模型（CIM）等，计算项目效益指标相应的概率分布或累计概率、期望值、标准差，以此判断风险等级。

（3）风险评价。对项目经济风险进行综合分析，根据风险识别和风险估计的结果，依据项目风险判别标准，找出影响项目成败的风险因素。项目风险大小的评价标准应根据风险因素发生的可能性及其造成的损失来确定，一般采用评价指标的概率分布或累计概率、期望值、标准差作为判别标准，也可采用综合风险等级作为判别标准。

（4）风险应对。根据风险评价的结果，研究规避、控制与防范风险的措施，为项目全过程的风险管理提供依据。

4.5.5.2 天然气开发项目的主要风险

影响项目实现预期经济目标的风险因素来源于法律法规及政策、市场、资源、技术、工程方案、融资方案、组织管理、环境与社会、外部配套条件等一个方面或几个方面。影响天然气开发项目效益的风险因素可归纳为下列内容。

（1）市场风险：天然气产量与价格；

（2）建设投资风险：建筑安装工程量、设备选型与数量、土地征用和拆迁安置费、人工、设备材料价格、机械使用费及取费标准、工期延长等；

（3）融资风险：资金来源、供应量与供应时间等；

（4）运营成本费用风险：投入的各种材料、燃料、动力的需求量与预测价格、人员费用、管理费计费标准等；

（5）政策风险：税率、利率、汇率及通货膨胀率等。

4.5.5.3　风险分析方法

常用风险分析方法包括专家调查法、层次分析法、概率树法、CIM 及蒙特卡罗模拟分析方法，应根据项目具体情况，选用一种方法或几种方法组合使用。根据项目特点及评价要求，风险分析可参照下列情况进行。

（1）财务风险和经济风险分析可直接在敏感性分析的基础上，采用概率树分析法和蒙特卡罗模拟分析法，确定各变量的变化区间及概率分布，计算项目内部收益率、净现值等评价指标的概率分布、期望值及标准差，并根据计算结果进行风险评估。

（2）在定量分析有困难时，可对风险采用定性的分析。

本书所设计的算法模型可以基于概率统计与蒙特卡罗思想的矩阵运算技术，进行更为高效地数值模拟、高精度的敏感性分析以及风险度量。

第 5 章

天然气资源经济评价实例研究

5.1 说　明

1. 评价结果与主要报表展示说明

为尽可能全面展示本书在气田开发方案经济评价的整合视角研究结果，本章将展示经济评价的财务报表、敏感性分析结果。其中，主要财务报表包括以下内容：

附表 1　项目投资现金流量表

附表 2　项目资本金流量表

附表 3　利润与利润分配表

附表 4　财务计划现金流量表

附表 5　资产负债表

附表 6　流动资金估算表

附表 7　项目总投资使用计划与资金筹措表

附表 8　营业收入、税金及附加估算表

附表 9　总成本费用估算表

附表 10　油气操作成本估算表

附表 11　折耗与摊销计算表

附表 12　借款还本付息计划表

2. 敏感性分析说明

本书所设计的算法模型可以通过高效的迭代运算，对不同参数及其参数组合进行特定比例或投资场景组合式的分析。本章中的主要分析指标包括内部收益率、净现值、投资回收期、完全成本、单位完全成本。净现值、完全成本与单位完全成本采用对比基本方案的比例计算结果予以展示。敏感性因子为产品价格、产量、经营成本与建设投资的参数组合。具体内容可详见 4.5.3 节。

为便于读者阅读，本章敏感性分析结果的展示主要分为表格与可视化两大类。考虑到数值格式与文本格式的百分比存在不兼容性，因此在呈现一部分非规范化、结构化的结果时，主要使用数值方式进行输出。例如，0.8 等价于 80%，或相较基本方案而言则为 −20%。

1）数据分析部分

表格部分将针对四类敏感性因子 0.8～1.2（即−20%～20%）的变动情况进行分析，

迭代步长为 0.05（即 5%）。

后续内容将报告：内部收益率的目标值及其临界变化率。使用优化算法，针对内部收益率的目标值（通常为基准收益率），求解其对应敏感性因子的变动比例。例如，当基准收益率为 0.08（即 8%）时，若针对产品价格这一敏感性因子，当其升至基本方案的 1.1024（即上浮 10.24%）时，可以令项目的内部收益率达到 0.08，则此时对于产品价格这一敏感性因子而言，其临界变化率为 1.1024。特别地，由于本书所设计的模型算法均利用双精度 double 数值，所以经过算法的多次迭代优化之后，临界变化率将在该精度下逼近于目标值。敏感度系数分析。其算法解释参照天然气开发方案经济评价的基准框架。

上述分析结果相对比较规范，但其分析的基础来源于本书所设计的算法模型，并为之提供高效的迭代运算。通常敏感性分析区间的变动比例为 0.8～1.2，其原因主要有两方面。

一方面，项目的产品价格、产量、经营成本、建设投资通常很难下降或上升 50%、80%。这也意味着，若要进行大幅度的调整，则需要对气田开发方案进行再一次，甚至多轮的重新论证。

另一方面，利用 Excel、WPS 表格，或一些通用的办公软件很难进行高效的计算或者计算工作量过于庞大，从而导致算力或人力投入增加。

得益于本书所设计的算法模型具有高效迭代运算特性，本书可以扩大敏感性因子的变动比例，并充分地考虑到极端情况，为项目的进一步论证提供准确的参考。为此，在算法模型中，将四类敏感性因子的变动比例区间分为低精度和高精度两个区间。

2）可视化部分

在可视化部分将重点呈现内部收益率、完全成本、净现值、投资回收期、单位完全成本等相关指标的计算结果。特别地，本书提供了分析汇总、全定义域分析两种视角。前者的取值范围为 0.8～1.2，后者则将扩展至整个定义域。由全定义的分析可以看出，这些指标并非与敏感性因子的变动关系是线性的，这也揭示出气田开发方案经济评价中的复杂参数与指标关系及其背后的动态、潜在影响机制。

5.2　A 气田开发方案经济评价案例

5.2.1　案例概况

某致密气田开发方案，设计井数 255 口，其中，利用井 23 口，新部署井 232 口。为了满足区块气井生产需要，新建 64 座井场，6 座集气站，1 座天然气处理厂，以及相应的管线及相关配套工程。在天然气开发过程中，经过天然气深加工环节，就会产生相关的副产品。这些副产品具有一定的市场价值。本方案的天然气伴生产品包括以下六种：

（1）凝析油。当天然气被开采出来后，在处理过程中可以通过加压或降温等方式将其中的轻组分凝结成液体，形成凝析油。这种伴生产品可以用于燃料或化工原料。

（2）乙烷。乙烷是天然气的主要成分之一，具有重要的经济价值。将乙烷回收处理，可以使天然气更加洁净，还可以利用乙烷制成乙烯，进而生产塑料、橡胶等工业产品。

（3）液化石油气。主要由丙烷和丁烷等烃类化合物组成，在常温常压下是气体，但施加一定的压力或降低温度就可以变成液体，方便储存和运输。

（4）液化天然气。主要成分是甲烷，同时含有少量的乙烷、丙烷等烃类物质，以及氮气、水、二氧化碳、硫化氢等少量杂质。

（5）稳定轻烃。轻烃是指天然气中的轻组分，如甲烷、乙烷和丙烷等。这些轻烃可以作为燃料或化工原料进行利用。

（6）氦气。在某些天然气田中，可以伴生出氦气。氦气是一种稀有气体，具有多种工业用途，如在医疗、航空航天和电子等领域。

此外，天然气项目还有其他伴生产品。可以将除天然气以外的所有伴生产品均作为其他产品，并通过一定的折算后引入算法模型。

5.2.2 投资估算

1. 利用井投资

利用投资 87000 万元。该投资不纳入本次报批投资，但属于项目评价投资，参与效益评价。

2. 开发井工程投资

开发井工程投资估算主要采用工程量法，依据方案设计工作量，按现行的指标、定额以及设备材料价格计算标准井费用。

经测算，开发井工程投资 789778 万元（不含税，增值税抵扣额 78978 万元），分年投资见表 5.1。

表 5.1　分年开发井工程投资估算表（不含税）　　（单位：万元）

年份	2024	2025	2026	2027	2028	2029	2030
投资	167022	83591	70335	63257	53333	56325	49730
年份	2031	2032	2033	2034	2035	2036	合计
投资	50047	49089	45708	50550	50790		789778

3. 地面工程投资

地面工程投资估算投资 469403 万元（不含税，增值税 37340 万元），分年投资见表 5.2。

表 5.2　分年地面工程投资估算表（不含税）　　（单位：万元）

年份	2024	2025	2026	2027	2028	2029	2030
投资	227238	154003	9987	1921	9656	6264	9296
年份	2031	2032	2033	2034	2035	2036	合计
投资	8706	9478	9339	6452	6880	10184	469403

注：由于四舍五入，因此数据存在误差，下同

4. 资金筹措

（1）建设投资筹措。本项目新增建设投资自筹资金比例暂按 60%，贷款比例暂按 40% 考虑；贷款利率为 4.14%，借款偿还采用等额本金还款方式。经计算，建设期利息为 3545 万元。

（2）流动资金筹措。本项目流动资金按扩大指标法估算，即按正常年份经营成本的 20% 测算。经计算，流动资金总额为 17777 万元，其中 30% 作为铺底流动资金自筹，流动资金总额的 70% 以贷款筹措，贷款利率为 3.33%，利息进入财务费用。

5. 项目总投资估算结果

项目总投资 1396821 万元（含增值税 116318 万元），其中：新增建设投资 1375499 万元（建设期建设投资 428107 万元，运营期投资 947392 万元），建设期利息 3545 万元，流动资金 17777 万元。详见表 5.3。

表 5.3　项目总投资估算表

序号	项目或费用名称	估算金额/万元	占总投资比例/%	备注
Ⅰ	建设期总投资（1+2+3）	449429	32.18	建设期
Ⅱ	建设期报批投资（1+2+4）	436985	31.28	
1	建设投资（1.1+1.2+1.3）	428107	30.65	
1.1	开发井工程投资	183724	13.15	
1.2	地面工程投资	244383	17.00	
2	建设期利息	3545	0.25	
3	流动资金	17777	1.27	
4	铺底流动资金	5333	0.38	
5	增值税抵扣额	33847	2.42	
Ⅲ	运营期投资（1+2）	947392	67.82	运营期
1	开发井工程投资	685032	49.04	
2	地面工程投资	262360	18.78	
3	增值税抵扣额	82471	5.90	
	项目总投资（Ⅰ+Ⅲ）	1396821	100	评价期
	报批总投资（Ⅱ+Ⅲ）	1384377	99.11	

5.2.3 财务评价

5.2.3.1 评价范围、方法和基础数据

1. 评价范围

本项目的评价范围是基于气田开发方案，包括气田内部产能建设工程所发生的费用与收益进行财务评价。

2. 方法

本项目采用新建项目的评价方法（折现现金流法），在项目财务效益与费用估算的基础上，计算经济评价指标，分析评价项目的盈利能力，判断项目的财务可接受能力。

3. 基础数据

基础数据包括计算期、天然气日产量、天然气商品率、基准收益率等，具体取值如下。

（1）评价计算期：本次经济评价计算期为25年，根据进度安排，建设期1年，运营期24年。

（2）基准收益率取6%。

（3）参数取值，见表5.4。

表 5.4 基本参数表

项目名称	单位	数值	备注
管输天然气销售价格	元/10³立方米	1275	不含税
凝析油销售价格	元/吨	2400~2900	不含税，评价期第1、2年2400元/吨，第3年及以后2900元/吨
乙烷销售价格	元/吨	2500	
液化石油气销售价格	元/吨	2500	
液化天然气销售价格	元/吨	2500	不含税
稳定轻烃销售价格	元/吨	2800	
氦气销售价格	元/立方米	100	
天然气商品率	%	98	
其他产品商品率	%	100	
天然气增值税率	%	9	
凝析油增值税率	%	13	
乙烷增值税率	%	13	
液化石油气增值税率	%	13	
液化天然气增值税率	%	9	
稳定轻烃增值税率	%	13	
氦气增值税率	%	13	
城市维护建设税	%	7	

项目名称	单位	数值	备注
教育费附加	%	5	
天然气资源税	%	4.8	
所得税率	%	15（25）	2023～2030 年享受优惠税率,取 15%,2031 年以后取 25%

5.2.3.2　总成本费用估算

总成本费用估算范围包括油气生产成本（操作成本、折耗）、管理费用、财务费用、营业费用。

1. 生产成本估算方法

（1）操作成本。操作成本按要素法估算，按方案实物量进行测算，方案单位操作成本为 377 元/10^3 立方米。

（2）折耗。采用产量法计算折耗。

2. 管理费用

包括摊销、其他管理费、安全生产费。

本方案无摊销费；其他管理费取 60 元/10^3 立方米测算；安全生产费按当月开采的石油、天然气产量，于月末提取安全生产费用，其中每千立方米天然气 7.5 元，每吨原油 20 元。

3. 财务费用

本方案包括长期借款利息、流动资金借款利息和弃置成本财务费用。

4. 营业费用

按营业收入的 0.5% 计取。

5. 成本和费用估算

评价期项目年均总成本费用为 109009 万元，年均经营成本费用为 47842 万元。将副产品按照油气当量换算成天然气商品量，平均单位操作成本为 280 元/10^3 立方米，单位完全成本为 833 元/10^3 立方米，见表 5.5。

表 5.5　完全成本表

序号	项目名称	单位	数值	备注
1	总成本费用	万元	2616220	
1.1	油气生产成本	万元	2334283	
1.1.1	操作成本	万元	952802	
1.1.2	折旧折耗	万元	1381481	
1.2	管理费用	万元	172265	

续表

序号	项目名称	单位	数值	备注
1.3	财务费用	万元	86522	
1.4	营业费用	万元	23150	
2	税金及附加	万元	218097	
3	完全成本（1+2）	万元	2834317	
4	抵扣后完全成本	万元	2834317	抵扣附加产品营业收入
5	抵扣后总成本	万元	2616220	抵扣附加产品营业收入
6	抵扣后操作成本	万元	952802	抵扣附加产品营业收入
7	天然气商品量	亿立方米	252.89	
8	附加产品折合天然气当量	亿立方米	87.41	
8.1	凝析油	亿立方米	6.75	换算系数：1吨=1145立方米
8.2	乙烷	亿立方米	31.28	换算系数：1吨=1765立方米
8.3	液化石油气	亿立方米	12.38	换算系数：1吨=1348立方米
8.4	液化天然气	亿立方米	31.75	换算系数：1吨=1470立方米
8.5	稳定轻烃	亿立方米	5.18	换算系数：1吨=1145立方米
8.6	氦气	亿立方米	0.09	
9	单位完全成本	元/10^3立方米	833	抵扣后
10	单位总成本	元/10^3立方米	769	抵扣后
11	单位操作成本	元/10^3立方米	280	抵扣后

5.2.3.3 财务分析

1. 产品营业收入

评价期内累计产天然气 258.05 亿立方米，累计天然气商品量 252.89 亿立方米，累计凝析油商品量 58.92 万吨，累计乙烷商品量 177.23 万吨，累计液化石油气商品量 91.81 万吨，累计液化天然气商品量 215.96 万吨，累计稳定轻烃商品量 45.21 万吨，累计氦气商品量 872.34 万立方米，分年产量预测见表 5.6。

表 5.6　方案产品产量表

年份	天然气产量/亿立方米	凝析油产量/万吨	乙烷产量/万吨	液化石油气产量/万吨	液化天然气产量/万吨	稳定轻烃产量/万吨	氦气产量/万立方米
1							
2	14.31	3.89	9.83	5.09	11.98	2.51	48.39
3	14.31	3.89	9.83	5.09	11.98	2.51	48.39
4	14.31	3.64	9.83	5.09	11.98	2.51	48.39

续表

年份	天然气产量/亿立方米	凝析油产量/万吨	乙烷产量/万吨	液化石油气产量/万吨	液化天然气产量/万吨	稳定轻烃产量/万吨	氦气产量/万立方米
5	14.31	3.48	9.83	5.09	11.98	2.51	48.39
6	14.31	3.31	9.83	5.09	11.98	2.51	48.39
7	14.31	3.31	9.83	5.09	11.98	2.51	48.39
8	14.31	3.31	9.83	5.09	11.98	2.51	48.39
9	14.31	3.31	9.83	5.09	11.98	2.51	48.39
10	14.31	3.31	9.83	5.09	11.98	2.51	48.39
11	14.31	3.31	9.83	5.09	11.98	2.51	48.39
12	14.31	3.31	9.83	5.09	11.98	2.51	48.39
13	14.31	3.31	9.83	5.09	11.98	2.51	48.39
14	11.60	2.68	7.97	4.13	9.71	2.03	39.22
15	10.13	2.23	6.96	3.60	8.48	1.77	34.24
16	9.13	2.01	6.27	3.25	7.64	1.60	30.86
17	8.35	1.74	5.73	2.97	6.98	1.46	28.21
18	7.65	1.59	5.25	2.72	6.40	1.34	25.85
19	7.02	1.30	4.82	2.50	5.88	1.23	23.74
20	6.46	1.20	4.44	2.30	5.41	1.13	21.85
21	5.96	1.10	4.10	2.12	4.99	1.04	20.16
22	5.52	1.02	3.79	1.96	4.62	0.97	18.65
23	5.14	0.95	3.53	1.83	4.30	0.90	17.37
24	4.81	0.89	3.30	1.71	4.03	0.84	16.26
25	4.51	0.83	3.10	1.60	3.77	0.79	15.24
合计	258.05	58.92	177.23	91.81	215.96	45.21	872.34

评价期内年均营业收入为 192913 万元。

2. 税金及附加

在项目财务评价中涉及营业税金及附加有资源税、城市维护建设税、教育费附加和矿业权出让收益。

评价期内税金及附加合计 218097 万元，年均税金及附加 9087 万元。

3. 利润和所得税

评价期年均利润总额 74816 万元，评价期年均所得税 15186 万元。

4. 财务盈利能力分析

财务盈利能力分析主要是考察项目投资的盈利水平。

经测算，项目投资内部收益率（税后）为 15.23%，项目财务净现值为 521857 万元，投资回收期为 7.25 年，见表 5.7。

表 5.7　主要财务分析指标汇总表

序号	项目名称	单位	数值	备注
一	评价期	年	25	
1	建设期	年	1	
2	运营期	年	24	
二	投资			
1	项目总投资	万元	1396471	
1.1	建设期总投资	万元	449079	
1.1.1	建设投资	万元	428107	
1.1.2	建设期利息	万元	3545	
1.1.3	流动资金	万元	17427	
	其中：铺底流动资金	万元	5228	
1.2	运营期投资	万元	947392	
2	报批总投资	万元	1384272	
	其中：建设期报批总投资	万元	436880	
三	成本			
1	总成本费用	万元	109009	生产期平均
2	经营成本	万元	47842	生产期平均
3	单位总成本费用	元/10³ 立方米	1035	
4	单位操作成本	元/10³ 立方米	377	
四	收入及利润			
1	天然气	元/10³ 立方米	1200	生产期平均
2	营业收入	万元	192913	生产期平均
3	营业税金及附加	万元	9087	生产期平均
4	利润总额	万元	74816	生产期平均
5	所得税	万元	15186	生产期平均
6	净利润	万元	59631	生产期平均
7	息税折旧摊销前利润	万元	135983	生产期平均
五	财务评价指标			
1	项目财务内部收益率（税后）	%	15.23	

续表

序号	项目名称	单位	数值	备注
2	项目财务净现值（税后）	万元	521857	
3	项目投资回收期（税后）	年	7.25	
4	总投资收益率	%	5.29	
5	资本金投资净利润率	%	4.6	

5.2.4　不确定性分析

5.2.4.1　敏感性分析

5.2.3 节中呈现单因素敏感性分析结果，利用本书所设计的算法模型，本节将呈现内部收益率、净现值、投资回收期、完全成本和单位完全成本的单因素敏感性分析结果。

1. 主要指标敏感性分析

主要指标敏感性分析见图 5.1 和表 5.8～表 5.12。

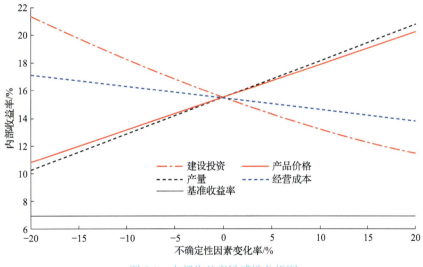

图 5.1　内部收益率敏感性分析图

表 5.8　内部收益率敏感性分析表　　　　　　　　　（单位：%）

不确定性因素	−20%	−15%	−10%	−5%	基本方案	5%	10%	15%	20%
产品价格	10.59	11.76	12.91	14.07	15.23	16.37	17.53	18.68	19.83
产量	10.03	11.33	12.62	13.92	15.23	16.52	17.83	19.13	20.45
经营成本	16.8	16.41	16.02	15.62	15.23	14.83	14.43	14.03	13.63
建设投资	20.99	19.32	17.82	16.46	15.23	14.09	13.05	12.09	11.2

天然气资源整合视角的经济评价研究

表 5.9　净现值敏感性分析表　　　　　　　（单位：万元）

不确定性因素	−20%	−15%	−10%	−5%	基本方案	5%	10%	15%	20%
产品价格	257068	323269	389470	455670	521857	587935	654013	720092	786170
产量	227473	301109	374696	448284	521857	595269	668682	742094	815507
经营成本	617531	593612	569694	545775	521857	497937	474004	450070	426136
建设投资	696520	652854	609189	565523	521857	478031	434191	390351	346511

表 5.10　投资回收期敏感性分析表　　　　　　（单位：年）

不确定性因素	−20%	−15%	−10%	−5%	基本方案	5%	10%	15%	20%
产品价格	9.71	9.03	8.28	7.71	7.25	6.86	6.53	6.24	5.98
产量	10.12	9.29	8.48	7.78	7.25	6.81	6.44	6.12	5.84
经营成本	6.76	6.87	6.98	7.11	7.25	7.39	7.54	7.69	7.85
建设投资	5.71	6.07	6.44	6.82	7.25	7.71	8.24	8.85	9.39

表 5.11　完全成本敏感性分析表　　　　　　（单位：万元）

不确定性因素	−20%	−15%	−10%	−5%	基本方案	5%	10%	15%	20%
产品价格	2789758	2800898	2812037	2823177	2834317	2845457	2856596	2867736	2878876
产量	2557192	2626473	2695754	2765036	2834317	2903598	2972879	3042161	3111442
经营成本	2604746	2662139	2719532	2776924	2834317	2891710	2949102	3006495	3063888
建设投资	2562849	2630716	2698583	2766450	2834317	2902184	2970051	3037918	3105785

表 5.12　单位完全成本敏感性分析表　　（单位：元/10^3 立方米）

不确定性因素	−20%	−15%	−10%	−5%	基本方案	5%	10%	15%	20%
产品价格	820	823	827	830	833	836	840	843	846
产量	940	908	880	856	833	813	794	778	762
经营成本	766	782	799	816	833	850	867	884	901
建设投资	753	773	793	813	833	853	873	893	913

2. 内部收益率临界变化率分析

利用本书所设计的算法模型及优化算法，目标值为基准收益率 0.06（即 6%），临界点变化率为双精度 double 数值。例如，当产品价格下降至基本方案的 60.80%左右，内部收益率将接近 0.06。其他指标的解释类似，详见表 5.13。

表 5.13　内部收益率的目标值及其临界变化率

不确定性因素	目标值	临界点变化率
产品价格	0.06	0.608084106445313
产量	0.06	0.646221160888672
经营成本	0.06	2.065757560729980
建设投资	0.06	1.592590332031250

3. 敏感度系数分析

敏感度系数表明评价内部收益率对四类敏感性因子变化的敏感度。其值越大，表明越敏感；反之，则不敏感。

计算敏感度系数的计算公式如下：

敏感度系数 =（（敏感性分析的指标数值 − 基本方案的指标数值）

/ 基本方案的指标数值）

/（敏感性因子变动比例 −1） 　　　（5.1）

计算临界点的计算公式如下：

临界点 =（临界变化率 −1）× 100% 　　　（5.2）

计算结果详见表 5.14。

表 5.14　内部收益率敏感度系数分析表

序号	不确定性因素	变化率/%	内部收益率/%	敏感度系数	临界点/%
	基本方案（税后）		15.23		
1	平均价格	−20	10.59	1.520694627	−39.19
		−15	11.76	1.51900594	
		−10	12.91	1.518007373	
		−5	14.07	1.517336433	
		5	16.37	1.509916002	
		10	17.53	1.51041478	
		15	18.68	1.511274242	
		20	19.83	1.51244654	
2	产量	−20	10.03	1.706039755	−35.38
		−15	11.33	1.706712318	
		−10	12.62	1.7086293	
		−5	13.92	1.710894418	
		5	16.52	1.705023142	
		10	17.83	1.707885998	
		15	19.13	1.711064496	
		20	20.45	1.714505263	

续表

序号	不确定性因素	变化率/%	内部收益率/%	敏感度系数	临界点/%
3	经营成本	−20	16.80	−0.518612923	106.58
		−15	16.41	−0.51922409	
		−10	16.02	−0.519874655	
		−5	15.62	−0.520566618	
		5	14.83	−0.522154232	
		10	14.43	−0.523457429	
		15	14.03	−0.524474021	
		20	13.63	−0.525460028	
4	建设投资	−20	20.99	−1.893675994	59.26
		−15	19.32	−1.793732226	
		−10	17.82	−1.703956811	
		−5	16.46	−1.62291432	
		5	14.09	−1.49254419	
		10	13.05	−1.430465801	
		15	12.09	−1.373295156	
		20	11.20	−1.320663898	

5.2.4.2　盈亏平衡分析

盈亏平衡分析是通过计算项目达产年的盈亏平衡点来分析项目成本与收入的平衡关系，判断项目对产出品数量变化的适应能力和抗风险能力。由于油气开发项目油气产量具有递减性，每年的盈亏平衡点都不一样，因此利用盈亏平衡图来求取。从图 5.2 可以看出，本项目盈亏平衡点时的生产能力利用率为 44.98%。

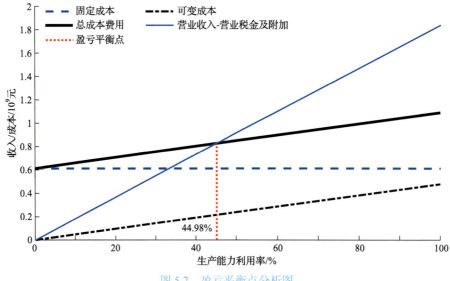

图 5.2　盈亏平衡点分析图

5.2.4.3　可视化分析

1. 分析汇总

分析汇总如图 5.3 和图 5.4 所示。

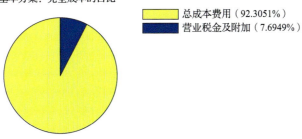

基本方案：完全成本的占比

- 总成本费用（92.3051%）
- 营业税金及附加（7.6949%）

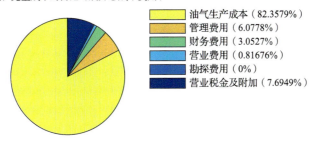

基本方案：完全成本的占比（展开总成本费用）

- 油气生产成本（82.3579%）
- 管理费用（6.0778%）
- 财务费用（3.0527%）
- 营业费用（0.81676%）
- 勘探费用（0%）
- 营业税金及附加（7.6949%）

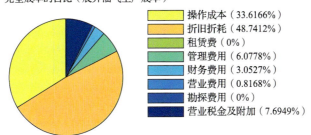

基本方案：完全成本的占比（展开油气生产成本）

- 操作成本（33.6166%）
- 折旧折耗（48.7412%）
- 租赁费（0%）
- 管理费用（6.0778%）
- 财务费用（3.0527%）
- 营业费用（0.8168%）
- 勘探费用（0%）
- 营业税金及附加（7.6949%）

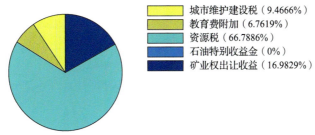

基本方案：营业税金及附加中各项的占比

- 城市维护建设税（9.4666%）
- 教育费附加（6.7619%）
- 资源税（66.7886%）
- 石油特别收益金（0%）
- 矿业权出让收益（16.9829%）

图 5.3　完全成本构成分析汇总图

天然气资源整合视角的经济评价研究

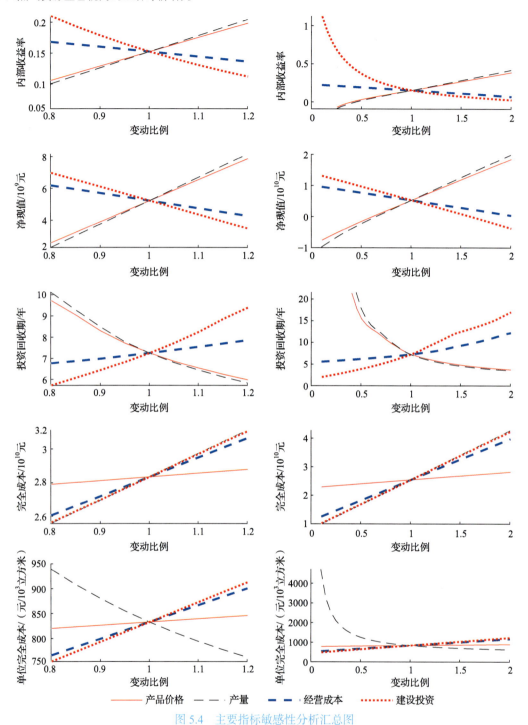

图 5.4　主要指标敏感性分析汇总图

2. 全定义域分析

1）全定义选取的说明

本书的定义域选择为（0，4]。其中，左侧为开区间，可根据评价要求尽可能地趋近

0；右侧为闭区间，此处选择 4，即四类敏感性因子的变动比例可达到 400%。传统的敏感性分析，其区间一般为[0.8，1.2]。

相较于传统的敏感性分析，定义域的扩大，有助于发现一些非线性的、复杂的关系。如图 5.5 所示，对于该案例，当建设投资低于一定阈值后，内部收益率将呈现陡增的情况。图 5.5～图 5.9 为主要指标分析结果。图 5.9 揭示出当产量下降至一定阈值后，单位完全成本将陡增。这是因为产量既作为单位完全成本的"分母"，也在结合单位操作成本后，成为其"分子"。显然，当"分母"效应更显著时，单位完全成本将陡增。

结合实际来看，这些阈值可能超过[0.8，1.2]，但也可能位于该区间内。可见，这种

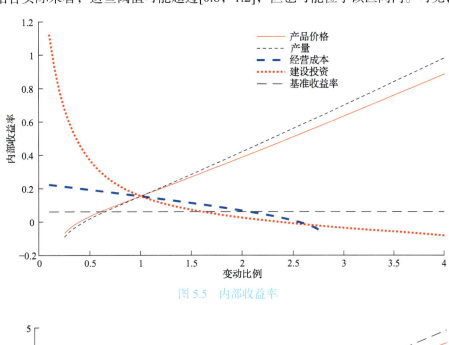

图 5.5　内部收益率

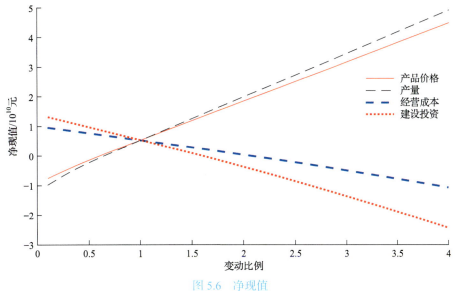

图 5.6　净现值

全定义域的敏感性分析方法将可视化地呈现这些非线性的、复杂的关系。

2）主要指标分析结果

该模块将呈现内部收益率、净现值、投资回收期、完全成本、单位完全成本的分析结果，如图 5.5～图 5.9 所示。

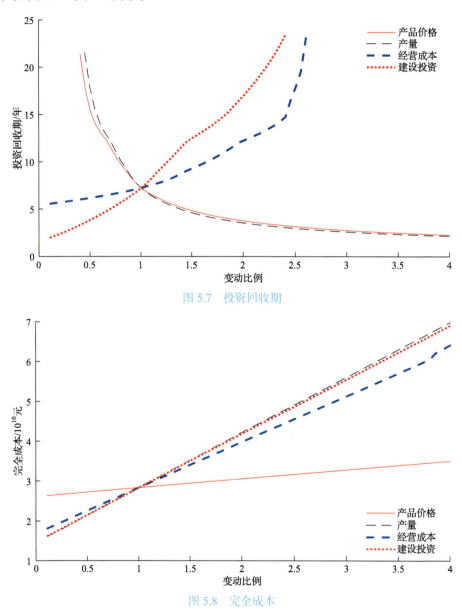

图 5.7　投资回收期

图 5.8　完全成本

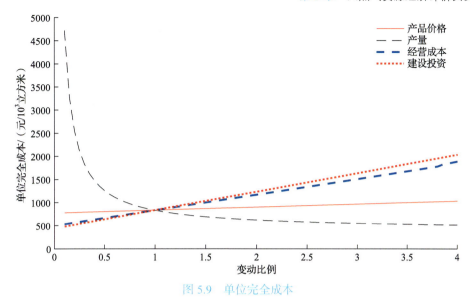

图 5.9　单位完全成本

3）内部收益率对比单位完全成本

该模块主要围绕四类敏感性因子（详见 4.5.3 节），呈现内部收益率对比单位完全成本的敏感性分析结果。根据分析结果，可以确定内部收益率可行条件下的单位完全成本，进而提出成本的管控路径。反过来，也可以进行单位完全成本对标管控下，分析内部收益率的可允许范围，如图 5.10～图 5.13 所示。

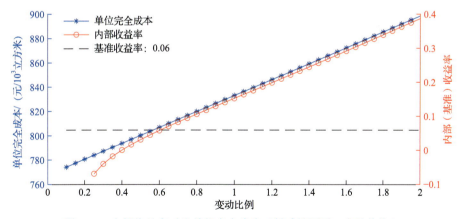

图 5.10　内部收益率对比单位完全成本（敏感性因子：产品价格）

5.2.5　风险分析

（1）产量风险：本项目经济评价是基于气藏工程产量达标计算出的经济效益，但由项目目前处于试验阶段，井落空或者产量不能达到预期产量都可能导致产量风险。

（2）价格风险：天然气价格受宏观经济和天然气价格改革影响，项目存在一定的价格风险。

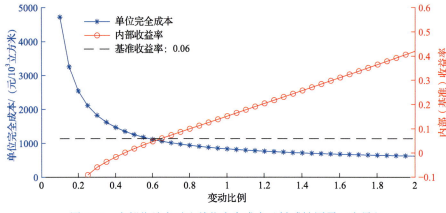

图 5.11　内部收益率对比单位完全成本（敏感性因子：产量）

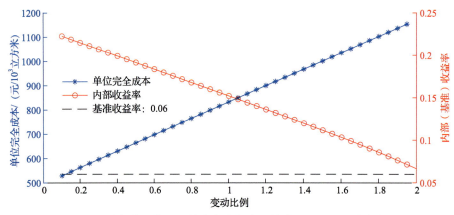

图 5.12　内部收益率对比单位完全成本（敏感性因子：经营成本）

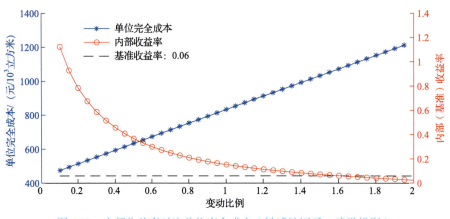

图 5.13　内部收益率对比单位完全成本（敏感性因子：建设投资）

（3）经营成本风险：本项目的经营成本是根据目前实际成本进行测算的，可能会因原材料价格上涨、人工费用增加等导致成本增加。为降低经营成本的风险，只有通过采取各种措施，加强管理，控制成本支出，使风险降为最小。

5.2.6　财务评价结果

1. 评价结果汇总

（1）项目总投资 1396821 万元（含增值税 116318 万元），其中：新增建设投资 1375499 万元（建设期建设投资 428107 万元，运营期投资 947392 万元），建设期利息 3545 万元，流动资金 17777 万元。

（2）项目投资内部收益率（税后）为 15.23%，项目财务净现值为 521857 万元，投资回收期为 7.25 年，单位完全成本 833 元/10^3 立方米。

评价结果表明，气田开发方案各项经济指标均满足行业基准要求，项目经济可行。

2. 主要财务报表

主要财务报表见附表 1～附表 12。

参考文献

白兰君. 2006. 天然气采掘成本指数自然递增律及其运用. 天然气工业, 26（6）: 142-145.

曹丽. 2009. 油田开发技术经济评价研究. 北京: 中国石油大学: 23-66.

陈嘉莉. 2008. 价值链分析是战略成本管理的核心. 经济管理, （21）: 124-130.

陈茂华. 2009. 建设项目经济评价. 杭州: 浙江大学出版社: 62-160.

陈武, 陈光海, 钟水清, 等. 2004. 天然气生产成本分析与控制研究. 钻采工艺, 27（1）: 17-19.

陈武, 钟水清, 唐洪俊, 等. 2006. 油气操作成本预测方法研究. 钻采工艺, 29（5）: 73-76.

代由进, 刘爱宁, 梁钟天, 等. 2015. 基于收益风险比的煤层气经济评价方法. 中国管理信息化, 18（8）: 2.

杜国敏, 徐舜华. 2015. 石油天然气的开发与利用. 北京: 化学工业出版社: 34-127.

杜志清. 2018. 油气田企业低成本开发模式探索与实践. 现代经济信息, （22）: 358.

冯巧根, 袁定金, 张学斌. 1999. 现代企业成本管理的利器——谈战略成本管理的源起与特色. 黑龙江财专学报, （2）: 66-70.

傅代国, 田小刚. 2008. 基于价值星系的战略成本管理研究——一个企业间的战略视角. 中国工业经济, （10）: 119-128.

傅家骥. 2003. 技术经济学前沿问题. 北京: 经济科学出版社: 55-98.

高立杰. 2020. 中国油气企业天然气战略成本管理创新探究. 中国化工贸易, 12（13）: 3-4.

高世葵, 董大忠. 2004a. 油气勘探经济评价的实物期权法与传统方法的综述分析与比较研究. 中国矿业, 13（1）: 27-31.

高世葵, 董大忠. 2004b. 基于实物期权的油气勘探经济评价的方法与实证. 新疆石油学院学报, 16（1）: 52-55.

郭建宇, 王秀芝, 谭仲平, 等. 2004. 天然气经济评价中应注意的问题及解决方法. 西南石油大学学报（自然科学版）, 26（6）: 83-85.

郭元岭. 2005. 成熟探区勘探经济评价研究——以济阳坳陷为例. 油气地质与采收率, 12（2）: 4.

韩丹, 张翔, 付斌. 2019. 基于实物期权的页岩气开发经济评价. 时代金融, （9）: 209-210.

金峰, 周娟, 向文武, 等. 2022. 天然气跨境投资动态混合决策模型. 天然气工业, 42（12）: 133-144.

李凯洲, 杨惠贤. 2013. 基于数据包络分析法的油田区块经济效益评价. 能源技术与管理, 38（2）: 176-178.

李卫辉. 2011. 变动成本法与完全成本法的结合: 变动吸收成本法. 财会月刊, （35）: 53-54.

李玉喜, 唐立仁, 杨国平, 等. 2000. 勘探经济评价关键指标——目标圈闭最低经济可采储量确定方法. 大庆石油学院学报, 24（3）: 74-76.

李志学. 2007. 油气勘探成本与绩效评价方法研究. 北京: 中国经济出版社: 101-176.

李志学. 2010. 石油天然气会计教程. 北京: 石油大学出版社: 5-224.

李仲, 任丽梅, 邹晓琴, 等. 2018. 中国油气企业天然气战略成本管理创新. 天然气工业, 38（5）: 140-147.

刘斌. 2020. 油气勘探开发经济评价技术. 北京: 石油工业出版社: 62-117.

刘清志, 刘小娇. 2013. 基于实物期权的煤层气项目经济评价. 油气田地面工程, （5）: 3-4.

柳涵，石成方，王继强，等．2019．特高含水期油藏动用状况评价方法．大庆石油地质与开发，38（3）：73-79.

柳兴邦．2002．油气勘探经济评价指标和评价方法初探．油气地质与采收率，9（4）：3.

卢明银，袁赛赛．2007．矿业项目经济评价方法．化工矿物与加工，36（7）：4.

罗东坤．2002．石油勘探开发投资经济评价指标分析．国际石油经济，10（12）：3.

罗缘茪，程曦．2022．油气勘探项目成果经济效益评价指标体系构建．化工管理，（2）：4-7.

吕晓岚，曲立．2010．基于二叉树期权定价法的我国油气勘探开发项目一体化经济评价．资源与产业，12（z1）：47-50.

马加传，刘天时．2010．支持向量机回归在油气钻井成本预测中的应用．西安石油大学学报（自然科学版），25（3）：96-99.

马菊红．2005．新灰色关联分析法在评价经济效益中的应用研究．情报杂志，24（3）：98-99.

潘广伟．2010．变动成本法与完全成本法对分期利润影响．财会通讯，（7）：71.

钱钰珊．2019．致密气勘探开发战略成本管理思路与途径．中国化工贸易，11（20）：8.

任丽梅，鲍思峰，谢建军，等．2016．中国石油实施低成本战略的思路与途径．天然气技术与经济，10（6）：58-61.

孙晓娜，陈武．2006．天然气生产成本分析控制方法研究．钻采工艺，29（5）：51-53.

王光升，荆克尧，罗萍，等．2008．不同阶段勘探项目经济评价指标体系若干问题探讨．当代石油石化，16（7）：4.

王惠君，卢双舫，乔露，等．2023．南川页岩气地质工程一体化优化中的参数敏感性分析．地球科学，48（1）：267-278.

王君，耿安然．2009．基于最小二乘蒙特卡罗模拟方法评价油气期权．国外油田工程，25（10）：23-28.

王灵碧，罗东坤．2007．基于价值贡献衡量的石油开发调整项目经济评价方法．技术经济，26（7）：3.

王有坤，张祝平．2020．黔西北煤层气项目经济评价及影响因素分析．内蒙古煤炭经济，（4）：96, 98.

吴俊峰．2006．我国油田公司油气成本控制：借鉴・方略．石油天然气学报（江汉石油学院学报），（3）：422-424.

武海燕．2020．新制造环境下国有企业成本管理创新策略探究．财讯，（20）：13-14.

谢家平，孔令丞．2002．油气生产成本系统分析及对策研究．地质技术经济管理，24（1）：51-55, 58.

宿晓宁．2007．变动成本法与完全成本法之比较．财会月刊（综合版），（3）：81-82.

徐金泉．2006．《建设项目经济评价方法与参数》第三版解读．中国工程咨询，（10）：8-11.

许民利，陈晓红．2004．灰色关联分析法在铁矿技术经济评价中的应用．金属矿山，（11）：4.

杨化峰，郭景先．2006．谈完全成本法与变动成本法的结合应用．财会月刊（会计版），（10）：11-12.

杨惠贤．2016．我国石油天然气会计研究．北京：经济科学出版社：36-127.

杨永国，李映洁，秦勇．2022．煤层气项目经济评价理论与方法研究进展．天然气工业，42（6）：186-192.

杨再勇．2019．天然气市场战略成本管理模式探究．中国总会计师，（2）：59-60.

殷爱贞，夏宇．2013．油气勘探项目优选指标体系研究．河南科学，31（10）：1759-1763.

于永生．2006．成果法与完全成本法孰是孰非——兼评我国《企业会计准则第27号——石油天然气开采》．财经论丛（浙江财经学院学报），（5）：75-80.

张东旭．2020．关于国内外天然气资源经济评价的对比分析．现代商业，2（11）：59-60.

张武，宇德明．2002．多投资主体建设项目经济评价中的风险Npv法．基建优化，23（6）：3.

张向东，张传平．2009．基于优化决策的非传统海外油气项目评价的动态规划模型研究．中国石油大学学报（社会科学版），3（25）：5-9.

张宇，王剑峰，向前，等．2010．克拉玛依油田二次开发经济效益评价方法．新疆石油地质，31（5）：3.

赵路正．2018．基于实物期权的煤层气利用项目投资评价研究．资源与产业，20（4）：18-24.

赵鹏. 2019. 石油企业油气操作成本控制管理. 中国化工贸易，11（22）：10.

中国石油天然气股份有限公司规划计划部，中国石油天然气股份有限公司规划总院. 2002. 中国石油天然气股份有限公司建设项目经济评价方法与参数案例汇编. 北京：石油工业出版社：23-94.

中华人民共和国住房和城乡建设部. 2010. 石油建设项目经济评价方法与参数. 北京：中国计划出版社：5-45.

周海英，安克歌，刘新春. 2021. 论石油企业控制油气成本的方法. 商情，（33）：90，92.

周庆. 2018. 基于全周期估算的实物期权方法在油田产能项目经济评价中的应用. 石油规划设计,29(5)：41-43.

周一虹，李宪琛. 2023. 成本分析与控制基于经营战略的成本管理实战管理实务. 北京：人民邮电出版社：23-94.

Campbell R S, Dean B. 2013. Cost-benefit analysis: concepts and practice by A. Boardman;D. Greenberg; A. Vining;D. Weimer. Value Health, 16: 83-86.

Dias M A G E. 2004. Valuation of exploration and production assets: an overview of real options models. Journal of Petroleum Science & Engineering, 44: 93-114.

Egger M, Smith G D, Altman D G. 2001. Using systematic reviews for economic evaluation. BMJ Publishing Group, 419-428.

Jin M, Weijermars R. 2022. Economic appraisal of an unconventional condensate play based on public pilot data prior to field development: Jafurah Basin case study (Saudi Arabia). Journal of Natural Gas Science and Engineering, 103: 104605.

Kaiser M J, Narra S. 2019. An empirical evaluation of deepwater economic limits in the Gulf of Mexico. Journal of Natural Gas Science and Engineering, 64: 93-106.

Kaiser M J. 2008. Economic limit of offshore structures in the Gulf of Mexico—regression modeling. Energy Sources Part B Economics Planning & Policy, 3: 280-288.

Koopmanschap M, Burdorf A, Jacob K, et al. 2005. Measuring productivity changes in economic evaluation: setting the research agenda. Pharmacoeconomics, 23: 47-54.

Korytárová J, Hromádka V. 2014. The economic evaluation of megaprojects-social and economic impacts. Procedia-Social and Behavioral Sciences, 119: 495-502.

Li W, Zhuang Y, Liu L, et al. 2019. Economic evaluation and environmental assessment of shale gas sweetening process. Chemical Engineering & Technology, 42: 753-760.

Li W D, Zhuang Y, Zhang L, et al. 2019. Economic evaluation and environmental assessment of shale gas dehydration process. Journal of Clean Production, 232: 487-498.

Qyyum M A, Naquash A, Haider J, et al. 2022. State-of-the-art assessment of natural gas liquids recovery processes: techno-economic evaluation, policy implications, open issues, and the way forward. Energy, 238: 121681-121684.

Ramsey J B. 1980. The economics of oil exploration: a probability-of-Ruin Approach. Energy Economics, 2: 14-30.

Santos R M D, Szklo A, Lucena A, et al. 2022. Evaluating strategies for monetizing natural gas liquids from processing plants-liquid fuels versus petrochemicals. Journal of Natural Gas Science and Engineering, 99: 104411-104413.

Sarabia Escriva E J, Hart M, Acha S, et al. 2022. Techno-economic evaluation of integrated energy systems for heat recovery applications in food retail buildings. Applied Energy, 305: 117791-117799.

Valle-Falcones L M, Grima-Olmedo C, Rodríguez-Pons Esparver R, et al. 2023. Evaluation and economics of shale gas reserves in the Flysch-Eocene formation of the Jaca Basin. Applied Sciences, 13: 1732.

Vinardell S, Fenske C F, Heimann A, et al. 2024. Exploring the potential of biological methanation for future defossilization scenarios: techno-economic and environmental evaluation. Energy Conversion & Management, 307: 1.

Weijermars R, Burnett D, Claridge D, et al. 2018. Redeveloping depleted hydrocarbon wells in an Enhanced Geothermal System (Egs) for a University Campus: progress report of a real-asset-based feasibility study. Energy Strateg Reviews, 21: 191-203.

Xu C, Jia M, Xu M, et al. 2019. Progress on environmental and economic evaluation of low-impact development type of best management practices through a life cycle perspective. Journal of Clean Production, 213: 1103-1114.

Yong C, Tong M, Yang Z, et al. 2023. Conventional natural gas project investment and decision making under multiple uncertainties. Energies, 16: 23-42.

Zhu J, He S, Lin L. 2023. Optimization of the lateral length of shale-gas horizontal wells based on geology-engineering-economy integration. Processes, 11: 249.

附　录

附表 1　项目投资现金流量表

（单位：万元）

序号	项目名称	合计	计算期 1	2	3	4	5	6	7	8	9	10	11	12
1	现金流入	5106246	0	282244	284442	283628	283086	282543	282543	282543	284859	282700	282744	
1.1	营业收入	4629912	0	256792	258737	258017	257537	257057	257057	257057	257057	257057	257057	
1.2	销项税额	458906	0	25452	25704	25611	25548	25486	25486	25486	25486	25486	25486	
1.3	补贴收入	0	0	0	0	0	0	0	0	0	0	0	0	
1.3.1	征收所得税补贴	0	0	0	0	0	0	0	0	0	0	0	0	
1.3.2	不征收所得税补贴	0	0	0	0	0	0	0	0	0	0	0	0	
1.4	回收油气资产净值	0	0	0	0	0	0	0	0	0	0	0	0	
1.5	回收流动资金	17427	0	0	0	0	0	0	0	0	2316	157	201	
2	现金流出	3261954	515107	333404	151840	135873	152893	152636	149456	149485	171564	152836	153978	153640
2.1	利用探井、评价井投资	87000	87000	0	0	0	0	0	0	0	0	0	0	0
2.2	建设投资	428107	428107	0	0	0	0	0	0	0	0	0	0	0
2.3	流动资金	17427	0	10218	84	36	70	50	64	61	3739	0	0	0
2.4	运营期投资	947392	0	259947	88060	71637	68983	68654	64658	64385	64142	60274	62513	63239
2.5	经营成本	1148217	0	51092	51514	51696	52046	52294	52613	52918	71611	60030	59246	58242

续表

序号	项目名称	合计	1	2	3	4	5	6	7	8	9	10	11	12
							计算期							
2.6	成本进项税额	47640	0	2012	2033	2042	2060	2073	2089	2104	3038	2459	2420	2370
2.7	增值税	294948	0	0	0	284	17494	17348	17765	17751	16873	17800	17555	17547
2.8	营业税金及附加	218097	0	10134	10150	10178	12240	12218	12268	12267	12161	12273	12243	12242
2.9	弃置费用	73125	0	0	0	0	0	0	0	0	0	0	0	0
3	所得税前净现金流量（1-2）	1844292	-515107	-51160	132602	147755	130193	129907	133087	133058	110979	132024	128722	129104
4	累计税前净现金流量		-515107	-566267	-433666	-285911	-155718	-25811	107275	240333	351313	483336	612058	741163
5	调整所得税	382234	0	25220	23308	22400	21300	20504	19710	31515	25500	26865	25498	23919
6	所得税后净现金流量（1-2-5）	1462058	-515107	-76380	109293	125355	108893	109402	113377	101543	85480	105159	103224	105185
7	累计税后净现金流量		-515107	-591487	-482194	-356839	-247946	-138544	-25167	76375	161855	267014	370238	475423

序号	项目名称	13	14	15	16	17	18	19	20	21	22	23	24	25
							计算期							
1	现金流入	282665	230571	200377	179843	166929	150974	138792	127139	117111	108325	100888	94385	94373
1.1	营业收入	257057	208347	181554	163630	149313	136816	125168	115211	106303	98334	91601	85725	80368
1.2	销项税额	25486	20657	17990	16214	14786	13549	12381	11396	10515	9727	9061	8479	7949
1.3	补贴收入	0	0	0	0	0	0	0	0	0	0	0	0	0
1.3.1	征收所得税补贴	0	0	0	0	0	0	0	0	0	0	0	0	0
1.3.2	不征收所得税补贴	0	0	0	0	0	0	0	0	0	0	0	0	0
1.4	回收油气资产净值	0	0	0	0	0	0	0	0	0	0	0	0	0
1.5	回收流动资金	122	1567	833	0	2829	609	1242	532	293	264	226	181	6055

续表

序号	项目名称	计算期												
		13	14	15	16	17	18	19	20	21	22	23	24	25
2	现金流出	106131	80904	72725	88561	69236	64326	56395	52249	49450	46936	44798	43015	114514
2.1	利用探井、评价井投资	0	0	0	0	0	0	0	0	0	0	0	0	0
2.2	建设投资	0	0	0	0	0	0	0	0	0	0	0	0	0
2.3	流动资金	0	0	0	3105	0	0	0	0	0	0	0	0	0
2.4	运营期投资	10900	0	0	0	0	0	0	0	0	0	0	0	0
2.5	经营成本	57633	49798	45634	61160	47014	43969	37758	35097	33632	32311	31180	30277	29454
2.6	成本进项税额	2340	2051	1898	2712	2035	1909	1623	1511	1456	1407	1365	1332	1302
2.7	增值税	22430	18606	16091	13501	12751	11640	10758	9885	9059	8319	7696	7147	6647
2.8	营业税金及附加	12828	10449	9101	8082	7436	6808	6256	5757	5304	4899	4557	4258	3986
2.9	弃置费用	0	0	0	0	0	0	0	0	0	0	0	0	73125
3	所得税前净现金流量（1-2）	176533	149667	127652	91282	97693	86648	82397	74890	67661	61388	56090	51370	-20142
4	累计税前净现金流量	917696	1067364	1195016	1286297	1383990	1470638	1553035	1627924	1695585	1756973	1813064	1864433	1844292
5	调整所得税	21807	16537	13818	7476	8978	8005	7887	7175	6310	5538	4890	4304	3769
6	所得税后净现金流量（1-2-5）	154727	133131	113834	83806	88715	78643	74509	67715	61351	55850	51200	47066	-23911
7	累计税后净现金流量	630149	763280	877114	960920	1049635	1128278	1202787	1270502	1331853	1387703	1438903	1485969	1462058
	计算指标：	所得税前	所得税后											
	项目投资财务内部收益率/%	19.12	15.23											
	项目投资财务净现值/万元	744126	521857											
	项目投资回收期/年	6.19	7.25											

注：由于四舍五入，因此数据存在误差，下同

附表 2　项目资本金流量表

（单位：万元）

序号	项目名称	合计	计算期											
			1	2	3	4	5	6	7	8	9	10	11	12
1	现金流入	5106246	0	282244	284442	283628	283086	282543	282543	282543	282543	284859	282700	282744
1.1	营业收入	4629912	0	256792	258737	258017	257537	257057	257057	257057	257057	257057	257057	257057
1.2	销项税额	458906	0	25452	25704	25611	25548	25486	25486	25486	25486	25486	25486	25486
1.3	补贴收入	0	0	0	0	0	0	0	0	0	0	0	0	0
1.3.1	征收所得税补贴	0	0	0	0	0	0	0	0	0	0	0	0	0
1.3.2	不征收所得税补贴	0	0	0	0	0	0	0	0	0	0	0	0	0
1.4	回收油气资产净值	0	0	0	0	0	0	0	0	0	0	0	0	0
1.5	回收流动资金	17427	0	0	0	0	0	0	0	0	0	2316	157	201
2	现金流出	3657558	343864	375005	197973	180501	195768	194100	189485	200262	213158	197853	197055	177084
2.1	利用探井、评价井投资	87000	87000	0	0	0	0	0	0	0	0	0	0	0
2.2	项目资本金	262092	256864	3066	25	11	21	15	19	18	1122	0	0	0
2.3	运营期投资	947392	0	259947	88060	71637	68983	68654	64658	64385	64142	60274	62513	63239
2.4	借款本金偿还	174788	0	17479	17479	17479	17479	17479	17479	17479	17479	17479	17479	0
2.5	借款利息支付	39799	0	7236	6513	5789	5065	4342	3618	2894	2171	1447	724	0
2.6	经营成本	1148217	0	51092	51514	51696	52046	52294	52613	52918	71611	60030	59246	58242
2.7	成本进项税额	47640	0	2012	2033	2042	2060	2073	2089	2104	3038	2459	2420	2370
2.8	增值税	294948	0	0	0	284	17494	17348	17765	17751	16873	17800	17555	17547
2.9	营业税金及附加	218097	0	10134	10150	10178	12240	12218	12268	12267	12161	12273	12243	12242
2.10	弃置费用	73125	0	0	0	0	0	0	0	0	0	0	0	0

续表

计算期

序号	项目名称	合计	1	2	3	4	5	6	7	8	9	10	11	12
2.11	所得税	364459	0	24038	22201	21386	20380	19678	18977	30446	24561	26091	24875	23444
3	净现金流量（1-2）	1448688	-343864	-92761	86469	103127	87317	88443	93058	82281	69385	87007	85645	105660

计算期

序号	项目名称	13	14	15	16	17	18	19	20	21	22	23	24	25
1	现金流入	282665	230571	200377	179843	166929	150974	138792	127139	117111	108325	100888	94385	94373
1.1	营业收入	257057	208347	181554	163630	149313	136816	125168	115211	106303	98334	91601	85725	80368
1.2	销项税额	25486	20657	17990	16214	14786	13549	12381	11396	10515	9727	9061	8479	7949
1.3	补贴收入	0	0	0	0	0	0	0	0	0	0	0	0	0
1.3.1	征收所得税补贴	0	0	0	0	0	0	0	0	0	0	0	0	0
1.3.2	不征收所得税补贴	0	0	0	0	0	0	0	0	0	0	0	0	0
1.4	回收油气资产净值	0	0	0	0	0	0	0	0	0	0	0	0	0
1.5	回收流动资金	122	1567	833	0	2829	609	1242	532	293	264	226	181	6055
2	现金流出	127428	96917	86005	93288	77634	71733	63668	58789	55103	51794	48981	46585	117523
2.1	利用探井、评价井投资	0	0	0	0	0	0	0	0	0	0	0	0	0
2.2	项目资本金	0	0	0	932	0	0	0	0	0	0	0	0	0
2.3	运营期投资	10900	0	0	0	0	0	0	0	0	0	0	0	0
2.4	借款本金偿还	0	0	0	0	0	0	0	0	0	0	0	0	0
2.5	借款利息支付	0	0	0	0	0	0	0	0	0	0	0	0	0
2.6	经营成本	57633	49798	45634	61160	47014	43969	37758	35097	33632	32311	31180	30277	29454

续表

序号	项目名称	计算期 13	14	15	16	17	18	19	20	21	22	23	24	25
2.7	成本进项税额	2340	2051	1898	2712	2035	1909	1623	1511	1456	1407	1365	1332	1302
2.8	增值税	22430	18606	16091	13501	12751	11640	10758	9885	9059	8319	7696	7147	6647
2.9	营业税金及附加	12828	10449	9101	8082	7436	6808	6256	5757	5304	4899	4557	4258	3986
2.10	弃置费用	0	0	0	0	0	0	0	0	0	0	0	0	73125
2.11	所得税	21296	16014	13280	6900	8398	7407	7273	6540	5653	4857	4184	3571	3008
3	净现金流量（1-2）	155237	133654	114372	86555	89295	79241	75123	68349	62008	56531	51906	47799	-23150
	计算指标：													
	资本金财务内部收益率/%	17.88												

附表 3　利润与利润分配表

（单位：万元）

序号	项目名称	合计	计算期 1	2	3	4	5	6	7	8	9	10	11	12
1	营业收入	4629912	0	256792	258737	258017	257537	257057	257057	257057	257057	257057	257057	257057
2	营业税金及附加	218097	0	10134	10150	10178	12240	12218	12268	12267	12161	12273	12243	12242
3	总成本费用	2616220	0	86402	100584	105268	109429	113651	118279	123006	146650	140421	145314	151038
4	补贴收入	0	0	0	0	0	0	0	0	0	0	0	0	0
4.1	征收所得税补贴	0	0	0	0	0	0	0	0	0	0	0	0	0
4.2	不征收所得税补贴	0	0	0	0	0	0	0	0	0	0	0	0	0
5	利润总额（1-2-3+4）	1795595	0	160256	148004	142571	135869	131188	126510	121785	98246	104364	99500	93777

续表

计算期

序号	项目名称	合计	1	2	3	4	5	6	7	8	9	10	11	12
6	弥补以前年度亏损	0	0	0	0	0	0	0	0	0	0	0	0	0
7	应纳税所得额（5-6-4.2）	1795595	0	160256	148004	142571	135869	131188	126510	121785	98246	104364	99500	93777
8	所得税	364459	0	24038	22201	21386	20380	19678	18977	30446	24561	26091	24875	23444
9	净利润（5-8）	1431136	0	136218	125803	121185	115489	111509	107534	91339	73684	78273	74625	70333
10	期初未分配利润		0	0	0	0	0	0	0	0	0	0	0	0
11	可供分配的利润（9+10）		0	136218	125803	121185	115489	111509	107534	91339	73684	78273	74625	70333
12	提取法定盈余公积金	286227	0	27244	25161	24237	23098	22302	21507	18268	14737	15655	14925	14067
13	投资者分配利润	1144909	0	108974	100642	96948	92391	89208	86027	73071	58947	62618	59700	56266
14	未分配利润（11-12-13）		0	0	0	0	0	0	0	0	0	0	0	0
15	息税前利润	1882118	0	168133	155387	149333	142002	136696	131401	126060	101998	107460	101994	95677
16	调整所得税	382234	0	25220	23308	22400	21300	20504	19710	31515	25500	26865	25498	23919
17	息前税后利润（15-16）	1499883	0	142913	132079	126933	120702	116192	111691	94545	76499	80595	76495	71758
18	息税折耗摊销前利润	3263598	0	195566	197074	196143	193252	192545	192176	191873	173285	184755	185568	186573

计算期

序号	项目名称	13	14	15	16	17	18	19	20	21	22	23	24	25
1	营业收入	257057	208347	181554	163630	149313	136816	125168	115211	106303	98334	91601	85725	80368
2	营业税金及附加	12828	10449	9101	8082	7436	6808	6256	5757	5304	4899	4557	4258	3986
3	总成本费用	159043	133844	119332	127947	108287	100381	89818	83293	78389	74006	70308	67183	64349

续表

序号	项目名称	计算期 13	14	15	16	17	18	19	20	21	22	23	24	25
4	补贴收入	0	0	0	0	0	0	0	0	0	0	0	0	0
4.1	征收所得税补贴	0	0	0	0	0	0	0	0	0	0	0	0	0
4.2	不征收所得税补贴	0	0	0	0	0	0	0	0	0	0	0	0	0
5	利润总额（1-2-3+4）	85186	64055	53121	27600	33591	29627	29094	26162	22610	19429	16736	14283	12033
6	弥补以前年度亏损	0	0	0	0	0	0	0	0	0	0	0	0	0
7	应纳税所得额（5-6-4.2）	85186	64055	53121	27600	33591	29627	29094	26162	22610	19429	16736	14283	12033
8	所得税	21296	16014	13280	6900	8398	7407	7273	6540	5653	4857	4184	3571	3008
9	净利润（5-8）	63889	48041	39841	20700	25193	22221	21820	19621	16958	14572	12552	10712	9025
10	期初未分配利润	0	0	0	0	0	0	0	0	0	0	0	0	0
11	可供分配的利润（9+10）	63889	48041	39841	20700	25193	22221	21820	19621	16958	14572	12552	10712	9025
12	提取法定盈余公积金	12778	9608	7968	4140	5039	4444	4364	3924	3392	2914	2510	2142	1805
13	投资者分配利润	51111	38433	31873	16560	20154	17776	17456	15697	13566	11657	10042	8570	7220
14	未分配利润（11-12-13）	0	0	0	0	0	0	0	0	0	0	0	0	0
15	息税前利润	87228	66147	55271	29903	35911	32021	31549	28699	25239	22153	19562	17216	15078
16	调整所得税	21807	16537	13818	7476	8978	8005	7887	7175	6310	5538	4890	4304	3769
17	息前税后利润（15-16）	65421	49610	41454	22427	26933	24016	23662	21524	18929	16615	14671	12912	11308
18	息税折旧摊销前利润	186596	148100	126819	94387	94863	86039	81154	74358	67368	61124	55864	51189	46928
	计算指标：													
	项目总投资收益率/%	5.29												
	项目资本金净利润率/%	4.6												

附表 4　财务计划现金流量表

（单位：万元）

序号	项目名称	合计	计算期											
			1	2	3	4	5	6	7	8	9	10	11	12
1	经营活动净现金流量（1.1-1.2）	3032884	0	194967	198545	198042	178866	178932	178832	167058	154298	166206	166360	168899
1.1	现金流入	5106246	0	282244	284442	283628	283086	282543	282543	282543	282543	284859	282700	282744
1.1.1	营业收入	4629912	0	256792	258737	258017	257537	257057	257057	257057	257057	257057	257057	257057
1.1.2	销项税额	458906	0	25452	25704	25611	25548	25486	25486	25486	25486	25486	25486	25486
1.1.3	补贴收入	0	0	0	0	0	0	0	0	0	0	0	0	0
1.1.4	生产经营期回收流动资金	17427	0	0	0	0	0	0	0	0	0	2316	157	201
1.2	现金流出	2073361	0	87277	85897	85586	104220	103611	103711	115485	128245	118653	116340	113845
1.2.1	经营成本	1148217	0	51092	51514	51696	52046	52294	52613	52918	71611	60030	59246	58242
1.2.2	成本进项税额	47640	0	2012	2033	2042	2060	2073	2089	2104	3038	2459	2420	2370
1.2.3	营业税金及附加	218097	0	10134	10150	10178	12240	12218	12268	12267	12161	12273	12243	12242
1.2.4	增值税	294948	0	0	0	284	17494	17348	17765	17751	16873	17800	17555	17547
1.2.5	所得税	364459	0	24038	22201	21386	20380	19678	18977	30446	24561	26091	24875	23444
2	投资活动净现金流量（2.1-2.2）	-1553051	-515107	-270165	-88144	-71673	-69053	-68703	-64722	-64446	-67880	-60274	-62513	-63239
2.1	现金流入	0	0	0	0	0	0	0	0	0	0	0	0	0
2.2	现金流出	1553051	515107	270165	88144	71673	69053	68703	64722	64446	67880	60274	62513	63239
2.2.1	利用探井、评价井投资	87000	87000	0	0	0	0	0	0	0	0	0	0	0
2.2.2	建设投资	428107	428107	0	0	0	0	0	0	0	0	0	0	0
2.2.3	运营期投资	947392	0	259947	88060	71637	68983	68654	64658	64385	64142	60274	62513	63239
2.2.4	流动资金	17427	0	10218	84	36	70	50	64	61	3739	0	0	0

续表

序号	项目名称	合计	计算期											
			1	2	3	4	5	6	7	8	9	10	11	12
2.2.5	弃置费用	73125	0	0	0	0	0	0	0	0	0	0	0	0
3	筹资活动净现金流量（3.1-3.2）	102879	515107	136238	-36730	-48784	-46124	-42568	-42647	-29244	-11051	-23172	-15775	6561
3.1	现金流入	1479927	515107	270165	88144	71673	69053	68703	64722	64446	67880	60274	62513	63239
3.1.1	利用探井、评价井投资	87000	87000	0	0	0	0	0	0	0	0	0	0	0
3.1.2	项目资本金投入	262092	256864	3066	25	11	21	15	19	18	1122	0	0	0
3.1.3	运营期投资	947392	0	259947	88060	71637	68983	68654	64658	64385	64142	60274	62513	63239
3.1.4	建设投资借款	171243	171243	0	0	0	0	0	0	0	0	0	0	0
3.1.5	流动资金借款	12199	0	7153	59	26	49	35	45	43	2617	0	0	0
3.1.6	短期借款	0	0	0	0	0	0	0	0	0	0	0	0	0
3.2	现金流出	1377048	0	133927	124874	120457	115178	111272	107369	93691	78931	83445	78288	56679
3.2.1	各种利息支出	45152	0	7474	6753	6030	5308	4586	3863	3141	2505	1727	1000	272
3.2.2	偿还长期借款本金	174788	0	17479	17479	17479	17479	17479	17479	17479	17479	17479	17479	0
3.2.3	偿还短期借款本金	0	0	0	0	0	0	0	0	0	0	0	0	0
3.2.4	偿还流动资金借款本金	12199	0	0	0	0	0	0	0	0	0	1621	110	141
3.2.5	投资者分配利润	1144909	0	108974	100642	96948	92391	89208	86027	73071	58947	62618	59700	56266
4	净现金流量（1+2+3）	1582712	0	61040	73671	77585	63688	67660	71463	73367	75368	82761	88072	112221
5	累计盈余资金		0	61040	134711	212296	275984	343645	415108	488475	563842	646603	734675	846895

续表

计算期

序号	项目名称	13	14	15	16	17	18	19	20	21	22	23	24	25
1	经营活动净现金流量（1.1-1.2）	166137	133654	114372	87487	89295	79241	75123	68349	62008	56531	51906	47799	49975
1.1	现金流入	282665	230571	200377	179843	166929	150974	138792	127139	117111	108325	100888	94385	94373
1.1.1	营业收入	257057	208347	181554	163630	149313	136816	125168	115211	106303	98334	91601	85725	80368
1.1.2	销项税额	25486	20657	17990	16214	14786	13549	12381	11396	10515	9727	9061	8479	7949
1.1.3	补贴收入	0	0	0	0	0	0	0	0	0	0	0	0	0
1.1.4	生产经营期回收流动资金	122	1567	833	0	2829	609	1242	532	293	264	226	181	6055
1.2	现金流出	116527	96917	86005	92356	77634	71733	63668	58789	55103	51794	48981	46585	44398
1.2.1	经营成本	57633	49798	45634	61160	47014	43969	37758	35097	33632	32311	31180	30277	29454
1.2.2	成本进项税额	2340	2051	1898	2712	2035	1909	1623	1511	1456	1407	1365	1332	1302
1.2.3	营业税金及附加	12828	10449	9101	8082	7436	6808	6256	5757	5304	4899	4557	4258	3986
1.2.4	增值税	22430	18606	16091	13501	12751	11640	10758	9885	9059	8319	7696	7147	6647
1.2.5	所得税	21296	16014	13280	6900	8398	7407	7273	6540	5653	4857	4184	3571	3008
2	投资活动净现金流量（2.1-2.2）	-10900	0	0	-3105	0	0	0	0	0	0	0	0	-73125
2.1	现金流入	0	0	0	0	0	0	0	0	0	0	0	0	0
2.2	现金流出	10900	0	0	3105	0	0	0	0	0	0	0	0	73125
2.2.1	利用探井、评价井投资	0	0	0	0	0	0	0	0	0	0	0	0	0
2.2.2	建设投资	0	0	0	0	0	0	0	0	0	0	0	0	0
2.2.3	运营期投资	10900	0	0	0	0	0	0	0	0	0	0	0	0

续表

序号	项目名称	计算期												
		13	14	15	16	17	18	19	20	21	22	23	24	25
2.2.4	流动资金	0	0	0	3105	0	0	0	0	0	0	0	0	0
2.2.5	弃置费用	0	0	0	0	0	0	0	0	0	0	0	0	73125
3	筹资活动净现金流量（3.1-3.2）	-40565	-39762	-32668	-13740	-22354	-18408	-18502	-16233	-13928	-11993	-10345	-8838	-11596
3.1	现金流入	10900	0	0	3105	0	0	0	0	0	0	0	0	0
3.1.1	利用采井、评价井投资	0	0	0	0	0	0	0	0	0	0	0	0	0
3.1.2	项目资本金投入	0	0	0	932	0	0	0	0	0	0	0	0	0
3.1.3	运营期投资	10900	0	0	0	0	0	0	0	0	0	0	0	0
3.1.4	建设投资借款	0	0	0	0	0	0	0	0	0	0	0	0	0
3.1.5	流动资金借款	0	0	0	2174	0	0	0	0	0	0	0	0	0
3.1.6	短期借款	0	0	0	0	0	0	0	0	0	0	0	0	0
3.2	现金流出	51465	39762	32668	16845	22354	18408	18502	16233	13928	11993	10345	8838	11596
3.2.1	各种利息支出	269	232	213	285	219	205	176	164	157	151	145	141	137
3.2.2	偿还长期借款本金	0	0	0	0	0	0	0	0	0	0	0	0	0
3.2.3	偿还短期借款本金	0	0	0	0	0	0	0	0	0	0	0	0	0
3.2.4	偿还流动资金借款本金	85	1097	583	0	1980	426	870	373	205	185	158	126	4239
3.2.5	投资者分配利润	51111	38433	31873	16560	20154	17776	17456	15697	13566	11657	10042	8570	7220
4	净现金流量（1+2+3）	114672	93892	81703	70642	66941	60833	56621	52116	48080	44538	41561	38962	-34746
5	累计盈余资金	961568	1055460	1137163	1207805	1274746	1335579	1392201	1444317	1492397	1536935	1578496	1617458	1582712

附表 5　资产负债表

（单位：万元）

序号	项目名称	计算期												
		1	2	3	4	5	6	7	8	9	10	11	12	13
1	资产	431652	808713	910283	991250	1068276	1144258	1215623	1283550	1351551	1411424	1474407	1554973	1582205
1.1	流动资产	0	10218	10303	10339	10409	10459	10523	10584	14322	12006	11849	11648	11527
1.1.1	应收账款	0	10218	10303	10339	10409	10459	10523	10584	14322	12006	11849	11648	11527
1.1.2	存货	0	0	0	0	0	0	0	0	0	0	0	0	0
1.1.3	现金	0	0	0	0	0	0	0	0	0	0	0	0	0
1.2	累计盈余资金	0	61040	134711	212296	275984	343645	415108	488475	563842	646603	734675	846895	961568
1.3	在建工程	397805	237594	80322	65178	62989	62589	59025	58754	58567	55047	57002	57670	10184
1.4	油气资产净值	0	457912	654660	689124	704107	712410	715509	710136	699164	682165	655548	623785	584484
1.5	弃置成本净值	0	9189	13462	14313	14787	15156	15459	15602	15656	15603	15333	14973	14443
1.6	无形及其他资产净值	0	0	0	0	0	0	0	0	0	0	0	0	0
1.7	待扣增值税抵扣额	33847	32760	16826	0	0	0	0	0	0	0	0	0	0
2	负债及所有者权益	431652	808713	910283	991250	1068276	1144258	1215623	1283550	1351551	1411424	1474407	1554973	1582205
2.1	负债	174788	174593	162917	147999	132923	117934	103116	88371	76373	60317	45862	49122	52676
2.1.1	流动负债	0	0	0	0	0	0	0	0	0	0	0	0	0
	应付账款	0	0	0	0	0	0	0	0	0	0	0	0	0
2.1.2	建设投资借款	174788	157309	139830	122351	104873	87394	69915	52436	34958	17479	0	0	0
2.1.3	流动资金借款	0	7153	7212	7237	7286	7321	7366	7409	10026	8404	8294	8154	8069
2.1.4	短期借款	0	0	0	0	0	0	0	0	0	0	0	0	0
2.1.5	弃置成本预计负债	0	10131	15875	18411	20764	23220	25835	28527	31390	34434	37568	40968	44607

续表

序号	项目名称	计算期												
		1	2	3	4	5	6	7	8	9	10	11	12	13
2.2	所有者权益	256864	634120	747366	843251	935353	1026323	1112507	1195179	1275179	1351107	1428545	1505851	1529529
2.2.1	资本金	256864	608877	694962	766609	835614	904283	968960	1033363	1098627	1158900	1221413	1284653	1295553
2.2.2	累计盈余公积金	0	27244	52404	76641	99739	122041	143548	161815	176552	192207	207132	221198	233976
2.2.3	累计未分配利润	0	0	0	0	0	0	0	0	0	0	0	0	0
	计算指标:													
	资产负债率/%	40.49	21.59	17.9	14.93	12.44	10.31	8.48	6.88	5.65	4.27	3.11	3.16	3.33

序号	项目名称	计算期											
		14	15	16	17	18	19	20	21	22	23	24	25
1	资产	1592912	1602235	1611498	1616657	1622864	1628637	1634562	1640220	1645523	1650556	1655363	1586835
1.1	流动资产	9960	9127	12232	9403	8794	7552	7019	6726	6462	6236	6055	5891
1.1.1	应收账款	9960	9127	12232	9403	8794	7552	7019	6726	6462	6236	6055	5891
1.1.2	存货	0	0	0	0	0	0	0	0	0	0	0	0
1.1.3	现金	0	0	0	0	0	0	0	0	0	0	0	0
1.2	累计盈余资金	1055460	1137163	1207805	1274746	1335579	1392201	1444317	1492397	1536935	1578496	1617458	1580945
1.3	在建工程	0	0	0	0	0	0	0	0	0	0	0	0
1.4	油气资产净值	514701	444889	381969	324446	271737	223335	178783	137676	99650	64228	31078	0
1.5	弃置成本净值	12791	11056	9492	8063	6753	5550	4443	3421	2476	1596	772	0
1.6	无形及其他资产净值	0	0	0	0	0	0	0	0	0	0	0	0

续表

序号	项目名称	计算期											
		14	15	16	17	18	19	20	21	22	23	24	25
1.7	待扣增值税抵扣额	0	0	0	0	0	0	0	0	0	0	0	0
2	负债及所有者权益	1592912	1602235	1611498	1616657	1622864	1628637	1634562	1640220	1645523	1650556	1655363	1586835
2.1	负债	53775	55129	59321	59442	61204	62613	64614	66880	69269	71792	74457	4124
2.1.1	流动负债	0	0	0	0	0	0	0	0	0	0	0	0
	应付账款	0	0	0	0	0	0	0	0	0	0	0	0
2.1.2	建设投资借款	0	0	0	0	0	0	0	0	0	0	0	0
2.1.3	流动资金借款	6972	6389	8562	6582	6156	5286	4914	4708	4523	4365	4239	4124
2.1.4	短期借款	0	0	0	0	0	0	0	0	0	0	0	0
2.1.5	弃置成本预计负债	46803	48740	50758	52860	55048	57327	59700	62172	64746	67426	70218	0
2.2	所有者权益	1539137	1547105	1552177	1557216	1561660	1566024	1569948	1573340	1576254	1578764	1580907	1582712
2.2.1	资本金	1295553	1295553	1296485	1296485	1296485	1296485	1296485	1296485	1296485	1296485	1296485	1296485
2.2.2	累计盈余公积金	243584	251552	255692	260731	265175	269539	273463	276855	279769	282280	284422	286227
2.2.3	累计未分配利润	0	0	0	0	0	0	0	0	0	0	0	0
	计算指标:												
	资产负债率/%	3.38	3.44	3.68	3.68	3.77	3.84	3.95	4.08	4.21	4.35	4.5	0.26

附表 6　流动资金估算表

（单位：万元）

序号	项目名称	最低周转天数	周转次数	1	2	3	4	5	6	7	8	9	10	11	12	13
										计算期						
1	流动资产			0	10218	10303	10339	10409	10459	10523	10584	14322	12006	11849	11648	11527
1.1	应收账款			0	10218	10303	10339	10409	10459	10523	10584	14322	12006	11849	11648	11527
1.2	存货			0	0	0	0	0	0	0	0	0	0	0	0	0
1.2.1	外购材料			0	0	0	0	0	0	0	0	0	0	0	0	0
1.2.2	外购燃料			0	0	0	0	0	0	0	0	0	0	0	0	0
1.2.3	产成品			0	0	0	0	0	0	0	0	0	0	0	0	0
1.3	现金			0	0	0	0	0	0	0	0	0	0	0	0	0
2	流动负债			0	0	0	0	0	0	0	0	0	0	0	0	0
	应付账款			0	0	0	0	0	0	0	0	0	0	0	0	0
3	流动资金占用（1-2）			0	10218	10303	10339	10409	10459	10523	10584	14322	12006	11849	11648	11527
4	流动资金当期增加额			0	10218	84	36	70	50	64	61	3739	-2316	-157	-201	-122

序号	项目名称	最低周转天数	周转次数	14	15	16	17	18	19	20	21	22	23	24	25
										计算期					
1	流动资产			9960	9127	12232	9403	8794	7552	7019	6726	6462	6236	6055	5891
1.1	应收账款			9960	9127	12232	9403	8794	7552	7019	6726	6462	6236	6055	5891
1.2	存货			0	0	0	0	0	0	0	0	0	0	0	0
1.2.1	外购材料			0	0	0	0	0	0	0	0	0	0	0	0
1.2.2	外购燃料			0	0	0	0	0	0	0	0	0	0	0	0
1.2.3	产成品			0	0	0	0	0	0	0	0	0	0	0	0

续表

序号	项目名称	最低周转天数	周转次数	计算期											
				14	15	16	17	18	19	20	21	22	23	24	25
1.3	现金			0	0	0	0	0	0	0	0	0	0	0	0
2	流动负债			0	0	0	0	0	0	0	0	0	0	0	0
	应付账款			0	0	0	0	0	0	0	0	0	0	0	0
3	流动资金占用（1-2）			9960	9127	12232	9403	8794	7552	7019	6726	6462	6236	6055	5891
4	流动资金当期增加额			-1567	-833	3105	-2829	-609	-1242	-532	-293	-264	-226	-181	-165

附表 7 项目总投资使用计划与资金筹措表

（单位：万元）

序号	项目名称	合计	计算期											
			1	2	3	4	5	6	7	8	9	10	11	12
1	项目总投资	1396471	431652	270165	88144	71673	69053	68703	64722	64446	67880	60274	62513	63239
1.1	建设期投资	449079	431652	10218	84	36	70	50	64	61	3739	0	0	0
1.1.1	建设投资	428107	428107	0	0	0	0	0	0	0	0	0	0	0
1.1.2	建设期利息	3545	3545	0	0	0	0	0	0	0	0	0	0	0
1.1.3	流动资金	17427	0	10218	84	36	70	50	64	61	3739	0	0	0
1.2	运营期投资	947392	0	259947	88060	71637	68983	68654	64658	64385	64142	60274	62513	63239
2	项目资本金	262092	256864	3066	25	11	21	15	19	18	1122	0	0	0
2.1	用于建设投资	256864	256864	0	0	0	0	0	0	0	0	0	0	0
2.2	用于建设期利息	0	0	0	0	0	0	0	0	0	0	0	0	0
2.3	用于流动资金	5228	0	3066	25	11	21	15	19	18	1122	0	0	0

续表

序号	项目名称	合计	计算期											
			1	2	3	4	5	6	7	8	9	10	11	12
3	债务资金	186987	174788	7153	59	26	49	35	45	43	2617	0	0	0
3.1	用于建设投资	171243	171243	0	0	0	0	0	0	0	0	0	0	0
3.2	用于建设期利息	3545	3545	0	0	0	0	0	0	0	0	0	0	0
3.3	用于流动资金	12199	0	7153	59	26	49	35	45	43	2617	0	0	0

序号	项目名称	合计	计算期											
			13	14	15	16	17	18	19	20	21	22	23	24	25
1	项目总投资	10900	0	0	0	3105	0	0	0	0	0	0	0	0	0
1.1	建设期投资	0	0	0	0	3105	0	0	0	0	0	0	0	0	0
1.1.1	建设投资	0	0	0	0	0	0	0	0	0	0	0	0	0	0
1.1.2	建设期利息	0	0	0	0	0	0	0	0	0	0	0	0	0	0
1.1.3	流动资金	0	0	0	0	3105	0	0	0	0	0	0	0	0	0
1.2	运营期投资	10900	0	0	0	0	0	0	0	0	0	0	0	0	0
2	项目资本金	0	0	0	0	932	0	0	0	0	0	0	0	0	0
2.1	用于建设投资	0	0	0	0	0	0	0	0	0	0	0	0	0	0
2.2	用于建设期利息	0	0	0	0	0	0	0	0	0	0	0	0	0	0
2.3	用于流动资金	0	0	0	0	932	0	0	0	0	0	0	0	0	0
3	债务资金	0	0	0	0	2174	0	0	0	0	0	0	0	0	0
3.1	用于建设投资	0	0	0	0	0	0	0	0	0	0	0	0	0	0

续表

序号	项目名称	计算期												
		13	14	15	16	17	18	19	20	21	22	23	24	25
3.2	用于建设期利息	0	0	0	0	0	0	0	0	0	0	0	0	0
3.3	用于流动资金	0	0	0	2174	0	0	0	0	0	0	0	0	0

附表 8　营业收入、税金及附加估算表

（单位：万元）

序号	项目名称	合计	计算期											
			1	2	3	4	5	6	7	8	9	10	11	12
1	营业收入	4629912	0	256792	258737	258017	257537	257057	257057	257057	257057	257057	257057	257057
1.1	原油营业收入	0	0	0	0	0	0	0	0	0	0	0	0	0
1.1.1	原油商品量	0	0	0	0	0	0	0	0	0	0	0	0	0
1.1.2	原油价格		0	0	0	0	0	0	0	0	0	0	0	0
1.1.3	销项税	0	0	0	0	0	0	0	0	0	0	0	0	0
1.2	天然气营业收入	3034664	0	168337	168337	168337	168337	168337	168337	168337	168337	168337	168337	168337
1.2.1	天然气商品量	252.89	0	14.03	14.03	14.03	14.03	14.03	14.03	14.03	14.03	14.03	14.03	14.03
1.2.2	天然气价格		1200	1200	1200	1200	1200	1200	1200	1200	1200	1200	1200	1200
1.2.3	销项税	273120	0	15150	15150	15150	15150	15150	15150	15150	15150	15150	15150	15150
1.3	凝析油营业收入	168922	0	9336	11281	10561	10081	9601	9601	9601	9601	9601	9601	9601
1.3.1	凝析油商品量	58.92	0	3.89	3.89	3.64	3.48	3.31	3.31	3.31	3.31	3.31	3.31	3.31
1.3.2	凝析油价格		2400	2400	2900	2900	2900	2900	2900	2900	2900	2900	2900	2900
1.3.3	销项税	21960	0	1214	1466	1373	1310	1248	1248	1248	1248	1248	1248	1248

续表

序号	项目名称	合计	计算期											
			1	2	3	4	5	6	7	8	9	10	11	12
1.4	硫磺营业收入	0	0	0	0	0	0	0	0	0	0	0	0	0
1.4.1	硫磺商品量	0	0	0	0	0	0	0	0	0	0	0	0	0
1.4.2	硫磺价格		0	0	0	0	0	0	0	0	0	0	0	0
1.4.3	销项税	0	0	0	0	0	0	0	0	0	0	0	0	0
1.5	乙烷营业收入	443084	0	24578	24578	24578	24578	24578	24578	24578	24578	24578	24578	24578
1.5.1	乙烷商品量	177.23	0	9.83	9.83	9.83	9.83	9.83	9.83	9.83	9.83	9.83	9.83	9.83
1.5.2	乙烷价格		2500	2500	2500	2500	2500	2500	2500	2500	2500	2500	2500	2500
1.5.3	销项税	57601	0	3195	3195	3195	3195	3195	3195	3195	3195	3195	3195	3195
1.6	液化石油气营业收入	229521	0	12732	12732	12732	12732	12732	12732	12732	12732	12732	12732	12732
1.6.1	液化石油气商品量	91.81	0	5.09	5.09	5.09	5.09	5.09	5.09	5.09	5.09	5.09	5.09	5.09
1.6.2	液化石油气价格		2500	2500	2500	2500	2500	2500	2500	2500	2500	2500	2500	2500
1.6.3	销项税	29838	0	1655	1655	1655	1655	1655	1655	1655	1655	1655	1655	1655
1.7	液化天然气营业收入	539892	0	29948	29948	29948	29948	29948	29948	29948	29948	29948	29948	29948
1.7.1	液化天然气商品量	215.96	0	11.98	11.98	11.98	11.98	11.98	11.98	11.98	11.98	11.98	11.98	11.98
1.7.2	液化天然气价格		2500	2500	2500	2500	2500	2500	2500	2500	2500	2500	2500	2500
1.7.3	销项税	48590	0	2695	2695	2695	2695	2695	2695	2695	2695	2695	2695	2695
1.8	稳定轻经营业收入	126595	0	7022	7022	7022	7022	7022	7022	7022	7022	7022	7022	7022
1.8.1	稳定轻商品量	45.21	0	2.51	2.51	2.51	2.51	2.51	2.51	2.51	2.51	2.51	2.51	2.51
1.8.2	稳定轻价格		2800	2800	2800	2800	2800	2800	2800	2800	2800	2800	2800	2800

续表

序号	项目名称	合计	计算期											
			1	2	3	4	5	6	7	8	9	10	11	12
1.8.3	销项税	16457	0	913	913	913	913	913	913	913	913	913	913	913
1.9	氢气营业收入	87234	0	4839	4839	4839	4839	4839	4839	4839	4839	4839	4839	4839
1.9.1	氢气商品量	872.34	0	48.39	48.39	48.39	48.39	48.39	48.39	48.39	48.39	48.39	48.39	48.39
1.9.2	氢气价格		100	100	100	100	100	100	100	100	100	100	100	100
1.9.3	销项税	11340	0	629	629	629	629	629	629	629	629	629	629	629
1.10	其他产品营业收入	0	0	0	0	0	0	0	0	0	0	0	0	0
1.10.1	其他产品商品量	0	0	0	0	0	0	0	0	0	0	0	0	0
1.10.2	其他产品价格		0	0	0	0	0	0	0	0	0	0	0	0
1.10.3	销项税	0	0	0	0	0	0	0	0	0	0	0	0	0
2	增值税	294948	0	0	0	284	17494	17348	17765	17751	16873	17800	17555	17547
2.1	销项税额	458906	0	25452	25704	25611	25548	25486	25486	25486	25486	25486	25486	25486
2.2	成本进项税额	47640	0	2012	2033	2042	2060	2073	2089	2104	3038	2459	2420	2370
2.3	增值税抵扣额	116318	0	23440	23672	23285	5995	6065	5633	5632	5575	5226	5511	5569
2.4	待扣增值税抵扣额		33847	32760	16826	0	0	0	0	0	0	0	0	0
3	营业税金及附加	218097	0	10134	10150	10178	12240	12218	12268	12267	12161	12273	12243	12242
3.1	城市维护建设税	20646	0	0	0	20	1225	1214	1244	1243	1181	1246	1229	1228
3.2	教育费附加	14747	0	0	0	14	875	867	888	888	844	890	878	877
3.3	资源税	145664	0	8080	8080	8080	8080	8080	8080	8080	8080	8080	8080	8080
3.4	石油特别收益金	0	0	0	0	0	0	0	0	0	0	0	0	0

续表

序号	项目名称	合计	计算期											
			1	2	3	4	5	6	7	8	9	10	11	12
3.5	矿业权出让收益	37039	0	2054	2070	2064	2060	2056	2056	2056	2056	2056	2056	2056

序号	项目名称	计算期												
		13	14	15	16	17	18	19	20	21	22	23	24	25
1	营业收入	257057	208347	181554	163630	149313	136816	125168	115211	106303	98334	91601	85725	80368
1.1	原油营业收入	0	0	0	0	0	0	0	0	0	0	0	0	0
1.1.1	原油商品量	0	0	0	0	0	0	0	0	0	0	0	0	0
1.1.2	原油价格	0	0	0	0	0	0	0	0	0	0	0	0	0
1.1.3	销项税	0	0	0	0	0	0	0	0	0	0	0	0	0
1.2	天然气营业收入	168337	136438	119115	107355	98146	89932	82585	76015	70138	64880	60437	56560	53026
1.2.1	天然气商品量	14.03	11.37	9.93	8.95	8.18	7.49	6.88	6.33	5.84	5.41	5.04	4.71	4.42
1.2.2	天然气价格	1200	1200	1200	1200	1200	1200	1200	1200	1200	1200	1200	1200	1200
1.2.3	销项税	15150	12279	10720	9662	8833	8094	7433	6841	6312	5839	5439	5090	4772
1.3	凝析油营业收入	9601	7781	6454	5817	5038	4616	3768	3468	3200	2960	2758	2581	2419
1.3.1	凝析油商品量	3.31	2.68	2.23	2.01	1.74	1.59	1.3	1.2	1.1	1.02	0.95	0.89	0.83
1.3.2	凝析油价格	2900	2900	2900	2900	2900	2900	2900	2900	2900	2900	2900	2900	2900
1.3.3	销项税	1248	1012	839	756	655	600	490	451	416	385	358	335	315
1.4	硫磺营业收入	0	0	0	0	0	0	0	0	0	0	0	0	0
1.4.1	硫磺商品量	0	0	0	0	0	0	0	0	0	0	0	0	0

续表

序号	项目名称	计算期												
		13	14	15	16	17	18	19	20	21	22	23	24	25
1.4.2	硫磺价格	0	0	0	0	0	0	0	0	0	0	0	0	0
1.4.3	销项税	0	0	0	0	0	0	0	0	0	0	0	0	0
1.5	乙烷营业收入	24578	19921	17392	15675	14330	13131	12058	11099	10241	9473	8824	8258	7742
1.5.1	乙烷商品量	9.83	7.97	6.96	6.27	5.73	5.25	4.82	4.44	4.1	3.79	3.53	3.3	3.1
1.5.2	乙烷价格	2500	2500	2500	2500	2500	2500	2500	2500	2500	2500	2500	2500	2500
1.5.3	销项税	3195	2590	2261	2038	1863	1707	1568	1443	1331	1231	1147	1074	1006
1.6	液化石油气营业收入	12732	10319	9009	8120	7423	6802	6246	5749	5305	4907	4571	4278	4011
1.6.1	液化石油气商品量	5.09	4.13	3.6	3.25	2.97	2.72	2.5	2.3	2.12	1.96	1.83	1.71	1.6
1.6.2	液化石油气价格	2500	2500	2500	2500	2500	2500	2500	2500	2500	2500	2500	2500	2500
1.6.3	销项税	1655	1342	1171	1056	965	884	812	747	690	638	594	556	521
1.7	液化天然气营业收入	29948	24274	21192	19099	17461	16000	14693	13524	12478	11543	10752	10063	9434
1.7.1	液化天然气商品量	11.98	9.71	8.48	7.64	6.98	6.4	5.88	5.41	4.99	4.62	4.3	4.03	3.77
1.7.2	液化天然气价格	2500	2500	2500	2500	2500	2500	2500	2500	2500	2500	2500	2500	2500
1.7.3	销项税	2695	2185	1907	1719	1571	1440	1322	1217	1123	1039	968	906	849
1.8	稳定轻烃营业收入	7022	5692	4969	4478	4094	3752	3445	3171	2926	2707	2521	2359	2212
1.8.1	稳定轻烃商品量	2.51	2.03	1.77	1.6	1.46	1.34	1.23	1.13	1.04	0.97	0.9	0.84	0.79
1.8.2	稳定轻烃价格	2800	2800	2800	2800	2800	2800	2800	2800	2800	2800	2800	2800	2800
1.8.3	销项税	913	740	646	582	532	488	448	412	380	352	328	307	288
1.9	氦气营业收入	4839	3922	3424	3086	2821	2585	2374	2185	2016	1865	1737	1626	1524

续表

序号	项目名称	计算期												
		13	14	15	16	17	18	19	20	21	22	23	24	25
1.9.1	氦气商品量	48.39	39.22	34.24	30.86	28.21	25.85	23.74	21.85	20.16	18.65	17.37	16.26	15.24
1.9.2	氦气价格	100	100	100	100	100	100	100	100	100	100	100	100	100
1.9.3	销项税	629	510	445	401	367	336	309	284	262	242	226	211	198
1.10	其他产品营业收入	0	0	0	0	0	0	0	0	0	0	0	0	0
1.10.1	其他产品商品量	0	0	0	0	0	0	0	0	0	0	0	0	0
1.10.2	其他产品价格	0	0	0	0	0	0	0	0	0	0	0	0	0
1.10.3	销项税	0	0	0	0	0	0	0	0	0	0	0	0	0
2	增值税	22430	18606	16091	13501	12751	11640	10758	9885	9059	8319	7696	7147	6647
2.1	销项税额	25486	20657	17990	16214	14786	13549	12381	11396	10515	9727	9061	8479	7949
2.2	成本进项税额	2340	2051	1898	2712	2035	1909	1623	1511	1456	1407	1365	1332	1302
2.3	增值税抵扣额	717	0	0	0	0	0	0	0	0	0	0	0	0
2.4	待扣增值税扣额	0	0	0	0	0	0	0	0	0	0	0	0	0
3	营业税金及附加	12828	10449	9101	8082	7436	6808	6256	5757	5304	4899	4557	4258	3986
3.1	城市维护建设税	1570	1302	1126	945	893	815	753	692	634	582	539	500	465
3.2	教育费附加	1121	930	805	675	638	582	538	494	453	416	385	357	332
3.3	资源税	8080	6549	5718	5153	4711	4317	3964	3649	3367	3114	2901	2715	2545
3.4	石油特别收益金	0	0	0	0	0	0	0	0	0	0	0	0	0
3.5	矿业权出让收益	2056	1667	1452	1309	1195	1095	1001	922	850	787	733	686	643

附表 9 总成本费用估算表

（单位：万元）

序号	项目名称	合计	计算期 1	2	3	4	5	6	7	8	9	10	11	12
1	油气生产成本	2334283	0	67672	82338	87653	92447	97301	102546	107888	132056	126483	131979	138296
1.1	操作成本	952802	0	40240	40652	40843	41198	41452	41771	42076	60769	49188	48404	47400
1.2	折旧折耗	1381481	0	27432	41686	46810	51249	55849	55849	65812	71287	77295	83574	90896
1.2.1	油气资产折耗	1349726	0	26893	40846	45858	50195	54686	54686	64398	69726	75566	81664	88765
1.2.2	弃置成本折耗	31755	0	540	840	952	1054	1163	1285	1415	1561	1728	1910	2131
1.3	租赁费	0	0	0	0	0	0	0	0	0	0	0	0	0
2	管理费用	1722265	0	9568	9568	9563	9560	9557	9557	9557	9557	9557	9557	9557
2.1	无形资产摊销	0	0	0	0	0	0	0	0	0	0	0	0	0
2.2	其他资产摊销	0	0	0	0	0	0	0	0	0	0	0	0	0
2.3	安全生产费用	20532	0	1151	1151	1146	1143	1140	1140	1140	1140	1140	1140	1140
2.4	其他管理费用	151733	0	8417	8417	8417	8417	8417	8417	8417	8417	8417	8417	8417
3	财务费用	86522	0	7877	7384	6762	6133	5509	4890	4275	3753	3096	2493	1900
3.1	长期借款利息	39799	0	7236	6513	5789	5065	4342	3618	2894	2171	1447	724	0
3.2	流动资金借款利息	5353	0	238	240	241	243	244	245	247	334	280	276	272
3.3	短期借款利息	0	0	0	0	0	0	0	0	0	0	0	0	0
3.4	弃置成本财务费用	41370	0	403	631	732	825	923	1027	1134	1248	1369	1493	1629
4	营业费用	23150	0	1284	1294	1290	1288	1285	1285	1285	1285	1285	1285	1285
5	勘探费用	0	0	0	0	0	0	0	0	0	0	0	0	0
6	总成本费用（1+2+3+4+5）	2616220	0	86402	100584	105268	109429	113651	118279	123006	146650	140421	145314	151038

续表

序号	项目名称	合计	1	2	3	4	5	6	7	8	9	10	11	12
								计算期						
6.1	固定成本	1468003	0	35310	49070	53572	57383	61358	65666	70088	75039	80391	86068	92796
6.2	可变成本	1148217	0	51092	51514	51696	52046	52294	52613	52918	71611	60030	59246	58242
7	经营成本（1.1+2.3+2.4+4）	1148217	0	51092	51514	51696	52046	52294	52613	52918	71611	60030	59246	58242

序号	项目名称	合计	13	14	15	16	17	18	19	20	21	22	23	24	25
									计算期						
1	油气生产成本	146160	146160	122964	109514	118733	99652	92202	82055	75870	71253	67111	63598	60615	57897
1.1	操作成本	46792	46792	41011	37966	54250	40700	38183	32450	30211	29124	28141	27295	26642	26046
1.2	折旧折耗	99368	99368	81953	71548	64484	58952	54018	49605	45659	42129	38971	36302	33973	31851
1.2.1	油气资产折耗	96972	96972	79966	69813	62920	57523	52708	48403	44552	41107	38026	35422	33150	31078
1.2.2	弃置成本折耗	2396	2396	1987	1735	1564	1430	1310	1203	1107	1022	945	880	824	772
1.3	租赁费	0	0	0	0	0	0	0	0	0	0	0	0	0	0
2	管理费用	9557	9557	7746	6760	6093	5568	5102	4682	4309	3976	3678	3426	3207	3006
2.1	无形资产摊销	0	0	0	0	0	0	0	0	0	0	0	0	0	0
2.2	其他资产摊销	0	0	0	0	0	0	0	0	0	0	0	0	0	0
2.3	安全生产费用	1140	1140	924	804	725	661	605	553	509	469	434	404	379	355
2.4	其他管理费用	8417	8417	6822	5956	5368	4907	4497	4129	3801	3507	3244	3022	2828	2651
3	财务费用	2042	2042	2093	2150	2303	2321	2393	2455	2537	2628	2725	2826	2933	3044
3.1	长期借款利息	0	0	0	0	0	0	0	0	0	0	0	0	0	0
3.2	流动资金借款利息	269	269	232	213	285	219	205	176	164	157	151	145	141	137

续表

序号	项目名称	计算期												
		13	14	15	16	17	18	19	20	21	22	23	24	25
3.3	短期借款利息	0	0	0	0	0	0	0	0	0	0	0	0	0
3.4	弃置成本财务费用	1773	1861	1938	2018	2101	2188	2279	2373	2472	2574	2680	2791	2907
4	营业费用	1285	1042	908	818	747	684	626	576	532	492	458	429	402
5	勘探费用	0	0	0	0	0	0	0	0	0	0	0	0	0
6	总成本费用（1+2+3+4+5）	159043	133844	119332	127947	108287	100381	89818	83293	78389	74006	70308	67183	64349
6.1	固定成本	101410	84046	73698	66787	61273	56412	52060	48196	44757	41695	39128	36906	34895
6.2	可变成本	57633	49798	45634	61160	47014	43969	37758	35097	33632	32311	31180	30277	29454
7	经营成本（1.1+2.3+2.4+4）	57633	49798	45634	61160	47014	43969	37758	35097	33632	32311	31180	30277	29454

附表 10 油气操作成本估算表

（单位：万元）

序号	项目名称	合计	计算期											
			1	2	3	4	5	6	7	8	9	10	11	12
1	采出作业费	952802	0	40240	40652	40843	41198	41452	41771	42076	60769	49188	48404	47400
1.1	直接材料费	0	0	0	0	0	0	0	0	0	0	0	0	0
1.2	直接燃料费	0	0	0	0	0	0	0	0	0	0	0	0	0
1.3	直接动力费	0	0	0	0	0	0	0	0	0	0	0	0	0
1.4	直接人员费用	0	0	0	0	0	0	0	0	0	0	0	0	0
2	驱油物注入费	0	0	0	0	0	0	0	0	0	0	0	0	0
3	稠油热采费	0	0	0	0	0	0	0	0	0	0	0	0	0

续表

序号	项目名称	合计	计算期											
			1	2	3	4	5	6	7	8	9	10	11	12
4	油气处理费	0	0	0	0	0	0	0	0	0	0	0	0	0
5	轻烃回收费	0	0	0	0	0	0	0	0	0	0	0	0	0
6	井下作业费	0	0	0	0	0	0	0	0	0	0	0	0	0
7	测井试井费	0	0	0	0	0	0	0	0	0	0	0	0	0
8	天然气净化费	0	0	0	0	0	0	0	0	0	0	0	0	0
9	维护及修理费	0	0	0	0	0	0	0	0	0	0	0	0	0
10	运输费	0	0	0	0	0	0	0	0	0	0	0	0	0
11	其他辅助作业费	0	0	0	0	0	0	0	0	0	0	0	0	0
12	厂矿管理费	0	0	0	0	0	0	0	0	0	0	0	0	0
	操作成本合计	952802	0	40240	40652	40843	41198	41452	41771	42076	60769	49188	48404	47400
	单位操作成本	377	0	287	290	291	294	295	298	300	433	351	345	338

序号	项目名称	计算期												
		13	14	15	16	17	18	19	20	21	22	23	24	25
1	采出作业费	46792	41011	37966	54250	40700	38183	32450	30211	29124	28141	27295	26642	26046
1.1	直接材料费	0	0	0	0	0	0	0	0	0	0	0	0	0
1.2	直接燃料费	0	0	0	0	0	0	0	0	0	0	0	0	0
1.3	直接动力费	0	0	0	0	0	0	0	0	0	0	0	0	0
1.4	直接人员费用	0	0	0	0	0	0	0	0	0	0	0	0	0

续表

计算期

序号	项目名称	13	14	15	16	17	18	19	20	21	22	23	24	25
2	驱油物注入费	0	0	0	0	0	0	0	0	0	0	0	0	0
3	稠油热采费	0	0	0	0	0	0	0	0	0	0	0	0	0
4	油气处理费	0	0	0	0	0	0	0	0	0	0	0	0	0
5	轻烃回收费	0	0	0	0	0	0	0	0	0	0	0	0	0
6	井下作业费	0	0	0	0	0	0	0	0	0	0	0	0	0
7	测井试井费	0	0	0	0	0	0	0	0	0	0	0	0	0
8	天然气净化费	0	0	0	0	0	0	0	0	0	0	0	0	0
9	维护及修理费	0	0	0	0	0	0	0	0	0	0	0	0	0
10	运输费	0	0	0	0	0	0	0	0	0	0	0	0	0
11	其他辅助作业费	0	0	0	0	0	0	0	0	0	0	0	0	0
12	厂矿管理费	0	0	0	0	0	0	0	0	0	0	0	0	0
	操作成本合计	46792	41011	37966	54250	40700	38183	32450	30211	29124	28141	27295	26642	26046
	单位操作成本	334	361	382	606	498	509	472	477	498	520	542	565	589

附表 11　折耗与摊销计算表

（单位：万元）

计算期

序号	项目名称	合计	1	2	3	4	5	6	7	8	9	10	11	12
1	油气资产折耗													
1.1	油气资产原值	1349726	0	484805	722399	802721	867899	930888	993477	1052502	1111256	1169823	1224870	1281872

续表

序号	项目名称	合计	计算期											
			1	2	3	4	5	6	7	8	9	10	11	12
1.2	当期折耗	1349726	0	26893	40846	45858	50195	54686	59490	64398	69726	75566	81664	88765
1.3	油气资产净值	0	0	457912	654660	689124	704107	712410	715509	710136	699164	682165	655548	623785
2	弃置成本折耗													
2.1	弃置成本原值	31755	0	9728	14841	16645	18173	19705	21293	22851	24466	26142	27782	29554
2.2	当期折耗	31755	0	540	840	952	1054	1163	1285	1415	1561	1728	1910	2131
2.3	弃置成本净值		0	9189	13462	14313	14787	15156	15459	15602	15656	15603	15333	14973
3	无形资产摊销													
3.1	无形资产原值	0	0	0	0	0	0	0	0	0	0	0	0	0
3.2	当期摊销	0	0	0	0	0	0	0	0	0	0	0	0	0
3.3	无形资产净值	0	0	0	0	0	0	0	0	0	0	0	0	0
4	其他资产摊销													
4.1	其他资产原值	0	0	0	0	0	0	0	0	0	0	0	0	0
4.2	当期摊销	0	0	0	0	0	0	0	0	0	0	0	0	0
4.3	其他资产净值	0	0	0	0	0	0	0	0	0	0	0	0	0

序号	项目名称	计算期											
		13	14	15	16	17	18	19	20	21	22	23	24	25
1	油气资产折耗													

续表

序号	项目名称	计算期												
		13	14	15	16	17	18	19	20	21	22	23	24	25
1.1	油气资产原值	1339542	1349726	1349726	1349726	1349726	1349726	1349726	1349726	1349726	1349726	1349726	1349726	1349726
1.2	当期折耗	96972	79966	69813	62920	57523	52708	48403	44552	41107	38026	35422	33150	31078
1.3	油气资产净值	584484	514701	444889	381969	324446	271737	223335	178783	137676	99650	64228	31078	0
2	弃置成本折耗													
2.1	弃置成本原值	31420	31755	31755	31755	31755	31755	31755	31755	31755	31755	31755	31755	31755
2.2	当期折耗	2396	1987	1735	1564	1430	1310	1203	1107	1022	945	880	824	772
2.3	弃置成本净值	14443	12791	11056	9492	8063	6753	5550	4443	3421	2476	1596	772	0
3	无形资产摊销													
3.1	无形资产原值	0	0	0	0	0	0	0	0	0	0	0	0	0
3.2	当期摊销	0	0	0	0	0	0	0	0	0	0	0	0	0
3.3	无形资产净值	0	0	0	0	0	0	0	0	0	0	0	0	0
4	其他资产摊销													
4.1	其他资产原值	0	0	0	0	0	0	0	0	0	0	0	0	0
4.2	当期摊销	0	0	0	0	0	0	0	0	0	0	0	0	0
4.3	其他资产净值	0	0	0	0	0	0	0	0	0	0	0	0	0

附表 12　借款还本付息计划表

（单位：万元）

序号	项目名称	合计	计算期 1	2	3	4	5	6	7	8	9	10	11	12
1	长期借款													
1.1	建设期利息	3545	3545	0	0	0	0	0	0	0	0	0	0	0
1.2	期初借款余额	0	0	174788	157309	139830	122351	104873	87394	69915	52436	34958	17479	0
1.3	当期借款	171243	171243	0	0	0	0	0	0	0	0	0	0	0
1.4	当期应计利息		3545	7236	6513	5789	5065	4342	3618	2894	2171	1447	724	0
1.5	当期还本付息		0	24715	23991	23268	22544	21820	21097	20373	19650	18926	18202	0
1.5.1	还本	174788	0	17479	17479	17479	17479	17479	17479	17479	17479	17479	17479	0
1.5.2	付息	39799	0	7236	6513	5789	5065	4342	3618	2894	2171	1447	724	0
1.6	期末借款余额		174788	157309	139830	122351	104873	87394	69915	52436	34958	17479	0	0
2	短期借款													
2.1	期初借款余额		0	0	0	0	0	0	0	0	0	0	0	0
2.2	当期借款	0	0	0	0	0	0	0	0	0	0	0	0	0
2.3	当期应计利息		0	0	0	0	0	0	0	0	0	0	0	0
2.4	当期还本付息		0	0	0	0	0	0	0	0	0	0	0	0
2.4.1	还本	0	0	0	0	0	0	0	0	0	0	0	0	0
2.4.2	付息	0	0	0	0	0	0	0	0	0	0	0	0	0
2.5	期末借款余额		0	0	0	0	0	0	0	0	0	0	0	0
3	还款资金	2812617	0	163650	167489	167995	166738	167358	168309	157151	144971	155568	158199	161229
3.1	用于还款的税后利润	1431136	0	136218	125803	121185	115489	111509	107534	91339	73684	78273	74625	70333

续表

序号	项目名称	合计	计算期												
			1	2	3	4	5	6	7	8	9	10	11	12
3.2	用于还款的折耗	1381481	0	27432	41686	46810	51249	55849	60775	65812	71287	77295	83574	90896
3.3	用于还款的摊销	0	0	0	0	0	0	0	0	0	0	0	0	0
3.4	其他资金	0	0	0	0	0	0	0	0	0	0	0	0	0
	计算指标:													
	利息备付率/%			21.34	21.04	22.08	23.15	24.82	26.87	29.49	27.18	34.71	40.91	
	偿债备付率/%			-3.58	3.62	4.43	4.61	4.78	5.14	4.76	4.3	5.2	5.39	

序号	项目名称	计算期												
		13	14	15	16	17	18	19	20	21	22	23	24	25
1	长期借款	0	0	0	0	0	0	0	0	0	0	0	0	0
1.1	建设期利息	0	0	0	0	0	0	0	0	0	0	0	0	0
1.2	期初借款余额	0	0	0	0	0	0	0	0	0	0	0	0	0
1.3	当期借款	0	0	0	0	0	0	0	0	0	0	0	0	0
1.4	当期应计利息	0	0	0	0	0	0	0	0	0	0	0	0	0
1.5	当期还本付息	0	0	0	0	0	0	0	0	0	0	0	0	0
1.5.1	还本	0	0	0	0	0	0	0	0	0	0	0	0	0
1.5.2	付息	0	0	0	0	0	0	0	0	0	0	0	0	0
1.6	期末借款余额	0	0	0	0	0	0	0	0	0	0	0	0	0
2	短期借款													

续表

序号	项目名称	计算期												
		13	14	15	16	17	18	19	20	21	22	23	24	25
2.1	期初借款余额	0	0	0	0	0	0	0	0	0	0	0	0	0
2.2	当期借款	0	0	0	0	0	0	0	0	0	0	0	0	0
2.3	当期应计利息	0	0	0	0	0	0	0	0	0	0	0	0	0
2.4	当期还本付息	0	0	0	0	0	0	0	0	0	0	0	0	0
2.4.1	还本	0	0	0	0	0	0	0	0	0	0	0	0	0
2.4.2	付息	0	0	0	0	0	0	0	0	0	0	0	0	0
2.5	期末借款余额	0	0	0	0	0	0	0	0	0	0	0	0	0
3	还款资金	163257	129994	111388	85184	84145	76239	71426	65280	59087	53542	48854	44686	40875
3.1	用于还款的税后利润	63889	48041	39841	20700	25193	22221	21820	19621	16958	14572	12552	10712	9025
3.2	用于还款的折耗	99368	81953	71548	64484	58952	54018	49605	45659	42129	38971	36302	33973	31851
3.3	用于还款的摊销	0	0	0	0	0	0	0	0	0	0	0	0	0
3.4	其他资金	0	0	0	0	0	0	0	0	0	0	0	0	0
	计算指标：													
	利息备付率/%													
	偿债备付率/%													

后 记

　　科学地开展气田开发方案的经济评价，有助于推进天然气上游项目的建设投资，增加国内天然气产量，对推动能源结构向清洁、低碳、高效的方向转型十分重要。在气田开发方案的经济评价过程中，涉及的因素来源于技术、经济与管理。因此，气田开发方案的经济评价需要对经济、技术、环境和社会等方面进行全面评估，以确定项目的可行性、经济效益和风险程度。

　　气田开发方案通常涉及常规天然气，以及煤层气、致密气、页岩气等非常规天然气。这些天然气项目的投资特点不同，所涉及的关键因素，如产量、价格、补贴、项目基准收益率等也不同。在经济评价过程中，技术评价主要包括资源评价、技术评估等。其主要目的是确定资源的品质、储量，评估工艺技术、设备选型、工程设计等。经济评价主要包括经济效益评价、投资风险评估。其主要目的是评估天然气项目的投资、成本、收益等，确定项目的经济效益和盈利，对市场风险、技术风险、环境风险等进行科学评估，进而进一步调整投资方案，常用的评价指标包括内部收益率、投资回收期、净现值等。为此，构建一个统一的分析框架以及一套高效的算法模型极为重要。气田开发方案的经济评价关键流程包括确定评价目标、数据收集、财务分析、敏感性分析、风险评估、比较与选择。这些流程相互关联，形成一个完整的经济评价过程，有助于确保气田开发项目的经济可行性和可持续发展。

　　得益于本书的理论框架是规范、科学且具有扩展性的，因此为科学地分析若干"潜在"影响机制、"动态"影响因素、"未来"影响维度提供了充分的理论与实证分析接口。在未来的实际业务开展与研究方面，可通过以下路径逐步拓展。

　　一是针对"潜在"影响机制，应进一步提升气田经济评价工作中，技术评估、经济评价、管理决策等相关部门的协同程度；充分结合实际工作场景，有效地提升技术、经济、管理等因素的关联性；在"多场景"视角下，利用不同的参数组合，充分论证气田开发方案的技术可行性、经济可行性，为管理决策提供有效的支撑。具体包括：①可开展一系列技术、经济协同的评价活动，提升各部门的数据、模型、经验共享。②可利用现有模型开展投资与产量、成本与产量等指标的关联性研究，进一步拓展理论模型。③直接利用现有模型，对四类敏感性因子及其相关参数，分别进行组合式地赋值、分析。④未来可以拓展该模型，对四个维度的或不同参数组合进行复制，利用矩阵算法实现"多场景"分析。

　　二是统一评估与评价标准，在"规范统一"的框架中持续开展研究。针对若干"动态"影响因素，应进一步将勘探、开发、经济评价等相关环节的评价标准逐步进行统一。"规范统一"的框架是极为有益的。其有助于提高各部门的协同性；有助于改进计划、执行、检查、处理（PDCA）的循环管理流程；有助于提升规划与执行的科学性和效能；有助于在技术经济"一体化"的分析框架中，进行动态的参数估计、校准，以持续地开展各级方案的动态跟踪、研究、评价。具体包括：①充分利用本书所设计的算法模型。该模型可兼容现有的常规气、致密气、煤层气经济评价算法。②逐步形成规范的、统一的算法释义、标准性模型。③逐步拓展该模型，使之能"动态"地实现与其他技术、经济评价数据的链接，进而形成规范的数据接口。

三是科学开展内外部环境分析，在"时间维度"上科学估计相关参数。针对若干"未来"影响维度，关键是要在一系列整合的、规范的分析框架中，逐步开展内外部环境分析。具体包括：①考虑外部经济环境的"时间维度"，如将现有模型中的建设投资借款利率、流动资金借款利率、基准收益率等引入分年的估计值。②优化"时间维度"下的内部标准。例如，在综合内外部环境情况下，可针对建设投资中自有资金比例、流动资金中自有资金比例、增值税抵扣完全成本比例等参数进行优化取值的分析。③引入不确定的外部冲击，开展相关的战略风险成本测算。例如，考虑利率、国际能源市场、替代能源的冲击，进一步对现有算法的参数、相关指标进行修正、迭代，并获得不同的结果，进而测算引入不确定性后的期望数值。